韓国語能力試験 TOPIK I 完全攻略模試

多楽園韓国語研究所＝著

IBCパブリッシング

著　　　者　다락원 한국어 연구소
編　　　集　이숙희, 이현수, 백다휜
カバーデザイン　윤지영
本文デザイン　윤지영, 박은비
イ ラ ス ト　AFEAL
声　　　優　정마리, 차진욱, 김성희, 김희승

翻 訳 協 力　전유리 チョン・ユリ
編 集 協 力　김현대 キム・ヒョンデ

20240303 1
ISBN978-4-7946-0801-7

●音声一括ダウンロード●

本書のリスニング問題(MP3形式)を下記URLとQRコードからPCなどに一括ダウン
ロードすることができます。

https://ibcpub.co.jp/audio_dl/0801/

※ダウンロードしたファイルはZIP形式で圧縮されていますので、解凍ソ
　フトが必要です。

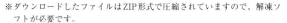

※MP3ファイルを再生するには、iTunes(Apple Music)やWindows Media
　Playerなどのアプリケーションが必要です。

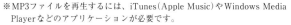

※PCや端末、ソフトウェアの操作・再生方法については、編集部ではお答えできません。付属
　のマニュアルやインターネットの検索を利用するか、開発元にお問い合わせください。

韓国語能力試験 TOPIK Ⅰ 完全攻略模試

問題集

目 次

제1회 실전 모의고사

実戦模擬試験 1

TOPIK I

듣기, 읽기

수험번호 (Registration No.)		
이 름 (Name)	한국어 (Korean)	
	영 어 (English)	

유 의 사 항
Information
注意事項

1. 시험 시작 지시가 있을 때까지 문제를 풀지 마십시오.

   Do not open the booklet until you are allowed to start.
   試験開始の指示があるまで問題を解かないでください。

2. 수험번호와 이름을 정확하게 적어 주십시오.

   Write your name and registration number on the answer sheet.
   受験番号と氏名を正確に書いてください。

3. 답안지를 구기거나 훼손하지 마십시오.

   Do not fold the answer sheet; keep it clean.
   答案用紙を折り曲げたり汚したりしないでください。

4. 답안지의 이름, 수험번호 및 정답의 기입은 배부된 펜을 사용하여 주십시오.

   Use the given pen only.
   答案用紙の氏名、受験番号および解答の記入は配布されたペンを使用してください。

5. 정답은 답안지에 정확하게 표시하여 주십시오.

   Mark your answer accurately and clearly on the answer sheet.
   解答は答案用紙に正確に記載してください。

   marking example

6. 문제를 읽을 때에는 소리가 나지 않도록 하십시오.

   Keep quiet while answering the questions.
   問題を読むときは音を立てないようにしてください。

7. 질문이 있을 때에는 손을 들고 감독관이 올 때까지 기다려 주십시오.

   When you have any questions, please raise your hand.
   質問があるときは手を挙げて、監督官が来るまでお待ちください。

01

TOPIK Ⅰ 듣기 (1번 ~ 30번)

※ [1~4] 다음을 듣고 〈보기〉와 같이 물음에 맞는 대답을 고르십시오.

━━━━━━━━〈보 기〉━━━━━━━━

가: 공부를 해요?

나: _____

❶ 네, 공부를 해요.   ② 아니요, 공부예요.

③ 네, 공부가 아니에요.   ④ 아니요, 공부를 좋아해요.

1. (4점)

① 네, 우산이에요.   ② 네, 우산이 많아요.

③ 아니요, 우산이 있어요.   ④ 아니요, 우산이 좋아요.

2. (4점)

① 네, 운동이에요.   ② 네, 운동을 해요.

③ 아니요, 운동이 힘들어요.   ④ 아니요, 운동을 좋아해요.

3. (3점)

① 버스로 왔어요.   ② 도서관에 왔어요.

③ 아침에 왔어요.   ④ 친구하고 왔어요.

4. (3점)

① 버스로 가요.   ② 오후에 가요.

③ 친구와 가요.   ④ 20분 동안 가요.

[5~6] 다음을 듣고 〈보기〉와 같이 이어지는 말을 고르십시오.

> ─────────────〈보 기〉─────────────
>
> 가: 늦어서 미안해요.
>
> 나: _____
>
> ① 고마워요.   ❷ 괜찮아요.
>
> ③ 여기 앉으세요.   ④ 안녕히 계세요.

5. (4점)

　　① 괜찮아요.   ② 실례합니다.

　　③ 잘 부탁드려요.   ④ 안녕히 계세요.

6. (3점)

　　① 미안해요.   ② 부탁해요.

　　③ 시험 잘 봐요.   ④ 어서 오세요.

※ [7~10] 여기는 어디입니까? 〈보기〉와 같이 알맞은 것을 고르십시오.

> ─────────────〈보 기〉─────────────
>
> 가: 어서 오세요.
>
> 나: 여기 수박 있어요?
>
> ① 학교   ② 약국   ❸ 시장   ④ 서점

7. (3점)

　　① 빵집   ② 서점   ③ 병원   ④ 은행

8. (3점)

　　① 사진관   ② 운동장   ③ 미용실   ④ 백화점

9. (3점)

  ① 학교   ② 시장   ③ 약국   ④ 서점

10. (4점)

  ① 영화관   ② 공항   ③ 경찰서   ④ 여행사

※ [11~14] 다음은 무엇에 대해 말하고 있습니까? 〈보기〉와 같이 알맞은 것을 고르십시오.

┌─────────────────────〈보 기〉─────────────────────┐
│   │
│ 가: 누구예요?   │
│ 나: 이 사람은 형이고, 이 사람은 동생이에요.   │
│   │
│ ❶ 가족   ② 이름   ③ 선생님   ④ 부모님   │
│   │
└──┘

11. (3점)

  ① 사진   ② 날씨   ③ 계획   ④ 그림

12. (3점)

  ① 교통   ② 고향   ③ 계절   ④ 주소

13. (4점)

  ① 시간   ② 요일   ③ 나이   ④ 생일

14. (3점)

  ① 취미   ② 선물   ③ 기분   ④ 운동

15. ①  ②

③  ④

16. ①  ②

③  ④

※ [17~21] 다음을 듣고 〈보기〉와 같이 대화 내용과 같은 것을 고르십시오. (각 3점)

〈보 기〉

남자: 요즘 한국어를 공부해요?

여자: 네. 한국 친구한테서 한국어를 배워요.

① 남자는 학생입니다.　　　② 여자는 학교에 다닙니다.

③ 남자는 한국어를 가르칩니다.　❹ 여자는 한국어를 공부합니다.

17.　① 남자는 학생들을 가르치고 있습니다.

　　② 여자는 남자와 같이 여행을 갈 겁니다.

　　③ 여자는 요즘 일을 하지 않고 있습니다.

　　④ 남자는 어머니와 여행을 하고 있습니다.

18.　① 남자는 콘서트 표를 미리 샀습니다.

　　② 남자는 주말에 여자 친구를 만날 겁니다.

　　③ 여자는 남자와 같이 저녁을 먹을 겁니다.

　　④ 여자는 남자 친구와 콘서트를 보러 갈 겁니다.

19.　① 남자는 커피를 만들 줄 모릅니다.

　　② 남자는 아르바이트를 하려고 합니다.

　　③ 여자는 커피 만드는 방법을 알고 있습니다.

　　④ 여자는 커피숍에서 아르바이트를 해 봤습니다.

20.　① 여자는 집에 가서 일을 하고 있습니다.

　　② 여자는 남자와 같이 병원에 갈 겁니다.

　　③ 여자는 내일 회사에 가지 않을 겁니다.

　　④ 여자는 요즘 회사 일이 많아서 힘듭니다.

21. ① 여자는 고기를 사서 남자에게 줄 겁니다.

② 남자는 오늘 집에 가기 전에 고기를 살 겁니다.

③ 여자는 내일 일회용 물건들을 가지고 올 겁니다.

④ 남자는 회사 때문에 바빠서 여행을 갈 수 없습니다.

※ [22~24] 다음을 듣고 <u>여자의 중심 생각</u>을 고르십시오. (각 3점)

22. ① 시장 물건이 더 좋습니다.

② 시장을 이용하는 것이 좋습니다.

③ 마트 물건은 종류가 많지 않습니다.

④ 사람들과 같이 시장에 가면 좋겠습니다.

23. ① 여름에는 짧은 머리가 좋은 것 같습니다.

② 남자가 헤어스타일을 바꾸면 좋겠습니다.

③ 유행하는 스타일로 머리를 바꾸고 싶습니다.

④ 유명한 모델의 헤어스타일이 예쁜 것 같습니다.

24. ① 남자가 수리비를 내야 합니다.

② 새 컴퓨터를 사면 좋겠습니다.

③ 남자가 컴퓨터를 고쳐 줘야 합니다.

④ 컴퓨터를 수리해서 사용하는 게 좋습니다.

※ [25~26] 다음을 듣고 물음에 답하십시오.

25. 여자가 왜 이 이야기를 하고 있는지 고르십시오. (3점)
   ① 졸업식 행사에서 인사하려고
   ② 졸업식 행사 계획을 알리려고
   ③ 졸업식 행사에 학생들을 초대하려고
   ④ 졸업식 행사에 필요한 교복을 모으려고

26. 들은 내용과 같은 것을 고르십시오. (4점)
   ① 옷을 가져다준 사람이 많습니다.
   ② 교복 판 돈을 신입생들에게 줍니다.
   ③ 입학할 학생들은 옷을 살 수 있습니다.
   ④ 신입생들은 공짜로 교복을 받을 수 있습니다.

※ [27~28] 다음을 듣고 물음에 답하십시오.

27. 두 사람이 무엇에 대해 이야기를 하고 있는지 고르십시오. (3점)
   ① 악기의 좋은 점
   ② 여자의 주말 활동
   ③ 기타를 치는 방법
   ④ 좋은 악기를 고르는 방법

28. 들은 내용과 같은 것을 고르십시오. (4점)
   ① 여자는 모든 악기를 연주할 수 있습니다.
   ② 남자는 악기를 연주해 본 적이 없습니다.
   ③ 남자는 여자의 연주회를 보러 갈 겁니다.
   ④ 여자는 기타를 친 지 1년 정도 되었습니다.

[29~30] 다음을 듣고 물음에 답하십시오.

29. 여자가 전화한 이유를 고르십시오. (3점)
    ① 옷을 만드는 날짜를 확인하려고
    ② 옷을 못 받은 이유를 물어보려고
    ③ 옷을 환불해도 되는지 물어보려고
    ④ 옷을 주문할 수 있는지 물어보려고

30. 들은 내용과 같은 것을 고르십시오. (4점)
    ① 남자는 옷을 만들 수 없습니다.
    ② 여자는 남자에게 옷을 보냈습니다.
    ③ 여자는 2주일 동안 옷을 기다렸습니다.
    ④ 남자는 여자에게 옷을 환불해 줄 수 있습니다.

TOPIK I 읽기 (31번~70번)

※ [31~33] 무엇에 대한 내용입니까? 〈보기〉와 같이 알맞은 것을 고르십시오. (각 2점)

〈보 기〉

사과가 있습니다. 그리고 배도 있습니다.

① 요일　　　　② 공부　　　　❸ 과일　　　　④ 날씨

31. 저는 23살입니다. 동생은 20살입니다.

① 사진　　　　② 나이　　　　③ 시간　　　　④ 부모

32. 우리 반 선생님입니다. 그분은 남자입니다.

① 얼굴　　　　② 방학　　　　③ 동생　　　　④ 사람

33. 친구에게 선물을 줍니다. 축하 노래를 부릅니다.

① 교실　　　　② 기차　　　　③ 생일　　　　④ 고향

※ [34~39] 〈보기〉와 같이 (　　　　)에 들어갈 말로 가장 알맞은 것을 고르십시오.

〈보 기〉

날씨가 좋습니다. (　　　)이 맑습니다.

① 눈　　　　② 밤　　　　❸ 하늘　　　　④ 구름

34. (2점)

> 도서관에 갑니다. 책(　　　　) 빌립니다.

① 에　　　　　　② 을　　　　　　③ 이　　　　　　④ 의

35. (2점)

> 부모님이 보고 싶습니다. 그래서 부모님께 편지를 (　　　　).

① 삽니다　　　　② 씁니다　　　　③ 봅니다　　　　④ 놉니다

36. (2점)

> 서점에 갑니다. (　　　　)을 삽니다.

① 빵　　　　　　② 집　　　　　　③ 옷　　　　　　④ 책

37. (3점)

> 봄입니다. 날씨가 (　　　　).

① 따뜻합니다　　② 깨끗합니다　　③ 어렵습니다　　④ 비슷합니다

38. (3점)

> 저희 가족은 (　　　　) 세 명입니다. 아버지, 어머니 그리고 저입니다.

① 서로　　　　　② 보통　　　　　③ 모두　　　　　④ 일찍

39. (2점)

> 운동을 열심히 했습니다. 그래서 (　　　　) 싶습니다.

① 숙제하고　　　② 샤워하고　　　③ 일어나고　　　④ 전화하고

※ [40~42] 다음을 읽고 맞지 <u>않는</u> 것을 고르십시오. (각 3점)

40.

영화 초대권

제목: 작년, 그 서울
날짜: 2024. 4. 8. (월) 20:00~22:10
인원: 2명
장소: 종로 한국극장

① 월요일에 영화관에 갑니다.
② 영화는 여덟 시에 끝납니다.
③ 영화는 두 명이 볼 수 있습니다.
④ 영화 제목은 '작년, 그 서울'입니다.

41.

기타 동아리 '기타랑'

신입생 여러분, 안녕하세요?
우리 동아리는 기타를 치는 사람들의 모임입니다.
기타를 못 쳐요? 괜찮습니다. 우리가 기타를 가르쳐 줍니다.
우리 동아리에 들어오세요!

① 신입생을 찾습니다.
② 동아리 소개를 합니다.
③ 기타를 배워야 합니다.
④ 기타를 가르쳐 줍니다.

42.

춘천 여행 버스 시간표

- **출발:** 동대문역 1번 출구 앞 7시, 9시
- **도착:** 춘천역 앞 9시, 11시

어른: 20,000원, 어린이: 10,000원

① 어른은 이만 원을 냅니다.

② 어린이도 갈 수 있습니다.

③ 아홉 시에 출발할 수 있습니다.

④ 동대문역에서 기차를 타고 갑니다.

※ [43~45] 다음을 읽고 내용이 같은 것을 고르십시오.

43. (3점)

오늘 학교에서 한국어 시험을 봅니다. 저는 어제 도서관에서 열심히 공부했습니다. 그래서 오늘 시험을 잘 볼 겁니다.

① 저는 내일 시험을 볼 겁니다.

② 저는 오늘 도서관에 갈 겁니다.

③ 저는 한국어 공부를 열심히 했습니다.

④ 저는 도서관에서 한국어 시험을 봅니다.

44. (2점)

> 저는 은행 앞에 있는 식당을 좋아합니다. 그 식당은 음식값이 싸고 아주 깨끗합니다. 그래서 오늘도 친구와 그 식당에 갑니다.

① 은행 식당은 깨끗합니다.

② 은행 앞에 식당이 있습니다.

③ 어제 친구와 밥을 먹었습니다.

④ 음식값이 비싼 식당을 좋아합니다.

45. (3점)

> 작년 겨울에 테니스를 배웠습니다. 하지만 지금은 다리를 다쳐서 운동을 못 합니다. 이번 여름부터 다시 테니스를 치고 싶습니다.

① 저는 테니스를 잘 칩니다.

② 저는 테니스를 배울 겁니다.

③ 저는 겨울에 다리를 다쳤습니다.

④ 이번 여름에 다시 운동하고 싶습니다.

※ [46~48] 다음을 읽고 중심 내용을 고르십시오.

46. (3점)

> 저는 저녁마다 운동을 하려고 했습니다. 그런데 학원이 매일 늦게 끝납니다. 그래서 매일 늦게 집에 옵니다. 빨리 시험이 끝났으면 좋겠습니다.

① 저녁에 운동하면 좋습니다.

② 운동을 하면 살을 뺄 수 있습니다.

③ 시험이 있어서 공부를 해야 합니다.

④ 시험이 빨리 끝나서 운동하면 좋겠습니다.

47. (3점)

> 저는 집에서 할 일이 많습니다. 오전에는 청소를 하고 오후에는 식사 준비를 합니다. 쉴 시간이 없어서 힘이 듭니다.

① 저는 청소 후에 쉬고 싶습니다.
② 저는 청소하는 것을 좋아합니다.
③ 저는 집안일이 많아서 힘이 듭니다.
④ 저는 식사 준비 후에 청소를 하고 싶습니다.

48. (2점)

> 축구는 정말 재미있습니다. 저는 수업 후에 친구들하고 축구를 합니다. 축구 경기가 있으면 꼭 경기장에 가서 구경을 합니다.

① 저는 축구를 좋아합니다.
② 친구들은 축구를 잘합니다.
③ 수업 후에 운동을 자주 합니다.
④ 경기장에 가서 축구를 보면 재미있습니다.

※ [49~50] 다음을 읽고 물음에 답하십시오. (각 2점)

> 제 휴대폰은 오래되어서 아주 느립니다. 그래서 내일 (㉠) 모델의 휴대폰을 사러 갈 겁니다. 오늘은 사진과 전화번호를 정리했습니다. 그런데 올해는 연락을 안 한 친구들 사진이 많았습니다. 그 친구들에게 오랜만에 전화하고 싶습니다.

49. ㉠에 들어갈 말로 가장 알맞은 것을 고르십시오.

① 사용한   ② 조용한
③ 새로운   ④ 가벼운

50. 윗글의 내용과 같은 것을 고르십시오.

① 제 휴대폰은 올해 샀습니다.

② 제 휴대폰이 느려서 바꿀 겁니다.

③ 친구들하고 다시 만나고 싶습니다.

④ 어제 친구들 사진을 정리했습니다.

※ [51~52] 다음을 읽고 물음에 답하십시오.

> 고양이를 좋아하시는 분을 찾습니다. 저희 집에 고양이가 세 마리 태어났습니다. 하얀색이고 아주 귀엽고 예쁩니다. 하지만 저희 집에는 고양이가 두 마리가 있어서 고양이를 더 (㉠). 돈은 받지 않고 고양이를 드리고 싶습니다. 고양이를 기르고 싶은 분은 저에게 연락해 주십시오. 제 전화번호는 010-1234-5678입니다.

51. ㉠에 들어갈 말로 가장 알맞은 것을 고르십시오. (3점)

① 줄 수 없습니다   ② 드릴 수 없습니다

③ 찾을 수 없습니다   ④ 기를 수 없습니다

52. 무엇에 대한 내용인지 맞는 것을 고르십시오. (2점)

① 고양이를 사기   ② 고양이와 놀기

③ 고양이와 생활하기   ④ 고양이 주인 구하기

※ [53~54] 다음을 읽고 물음에 답하십시오.

> 저는 대학에서 그림을 배운 지 3년이 되었습니다. 가끔 친구와 함께 미술관에 가서 전시회를 봅니다. 그 미술관은 학교에서 (㉠) 걸어갈 수 있습니다. 그림을 본 후에 학교로 돌아와서 같은 과 사람들과 미술관에서 본 그림에 대해 이야기합니다.

53. ㉠에 들어갈 말로 가장 알맞은 것을 고르십시오. (2점)

① 가깝고   ② 가까워서

③ 가깝지만   ④ 가까우면

54. 윗글의 내용과 같은 것을 고르십시오. (3점)

① 저는 가끔 친구와 그림을 삽니다.

② 저는 미술관에서 친구를 기다립니다.

③ 저는 친구가 그린 그림을 좋아합니다.

④ 저는 대학에서 3년 전부터 그림을 공부했습니다.

※ [55~56] 다음을 읽고 물음에 답하십시오.

> 저는 요즘 백화점보다 가격이 싸고 물건도 많이 있는 인터넷 쇼핑을 자주 합니다. 예전에는 인터넷으로 쇼핑을 할 때 문제가 많았습니다. 물건이 사진과 달랐고 물건이 안 좋아서 오래 사용하지 못했습니다. (㉠) 요즘은 그런 일이 많지 않습니다. 물건을 자세하게 찍은 사진이 많고 품질도 예전보다 많이 좋아졌습니다. 그래서 믿고 살 수 있습니다.

55. ㉠에 들어갈 말로 가장 알맞은 것을 고르십시오. (2점)

① 그리고   ② 그래서

③ 그러면   ④ 그런데

56. 윗글의 내용과 같은 것을 고르십시오. (3점)

① 쇼핑은 백화점에서 하는 것이 좋습니다.

② 인터넷에서 파는 물건의 수가 적습니다.

③ 인터넷으로 쇼핑을 해도 문제가 없습니다.

④ 인터넷에서 파는 물건은 자주 고장이 납니다.

※ [57~58] 다음을 순서에 맞게 배열한 것을 고르십시오.

57. (3점)

> (가) 버스 번호는 5200번하고 160번입니다.
>
> (나) 저는 일요일에 친구 집에 가려고 합니다.
>
> (다) 친구 집에 갈 때에는 버스를 두 번 타야 합니다.
>
> (라) 먼저 5200번을 타고 40분을 간 후에 160번을 탑니다.

① (나) - (가) - (다) - (라)　　　② (나) - (가) - (라) - (다)

③ (나) - (다) - (가) - (라)　　　④ (나) - (다) - (라) - (가)

58. (2점)

> (가) 그래서 사람이 많은 곳은 가지 않습니다.
>
> (나) 그러면 감기에 걸리지 않을 수 있습니다.
>
> (다) 요즘은 날씨가 덥지만 감기가 유행입니다.
>
> (라) 그리고 집으로 돌아왔을 때 손을 꼭 씻습니다.

① (다) - (나) - (가) - (라)　　　② (다) - (나) - (라) - (가)

③ (다) - (가) - (나) - (라)　　　④ (다) - (가) - (라) - (나)

※ [59~60] 다음을 읽고 물음에 답하십시오.

> 　우리 가족은 모두 음악을 좋아합니다. (㉠) 악기 연주도 좋아해서 아버지는 기타를 잘 치고 오빠는 바이올린을 잘 켭니다. 저는 피아노 치는 것을 좋아합니다. 어머니는 노래를 잘 부르십니다. (㉡) 우리 가족은 매달 가족 음악회를 엽니다. (㉢) 실수를 할 때도 있지만 모두들 우리 가족의 음악을 좋아합니다. (㉣) 우리는 정말 즐거운 시간을 같이 보냅니다.

59. 다음 문장이 들어갈 곳으로 가장 알맞은 것을 고르십시오. (2점)

> 친한 친구나 친척들을 초대해서 우리 가족의 연주를 들려 줍니다.

① ㉠   ② ㉡   ③ ㉢   ④ ㉣

60. 윗글의 내용과 같은 것을 고르십시오. (3점)

① 우리 가족은 실수를 많이 합니다.

② 저는 노래를 잘 부르고 싶습니다.

③ 우리 가족은 악기 연주를 잘합니다.

④ 우리 가족은 한 달에 한 번 음악회를 합니다.

※ [61~62] 다음을 읽고 물음에 답하십시오. (각 2점)

> 저는 어제 도서관에서 중국 여행책을 빌렸습니다. 그 책에서 중국의 유명한 관광지를 많이 볼 수 있었습니다. 멋있는 사진도 많아서 책이 아주 마음에 듭니다. 그 책을 다 읽고 중국으로 여행을 갈 겁니다. 하지만 중요한 시험이 다음 주에 있으니까 먼저 시험공부를 열심히 하겠습니다. 책은 시험이 (　　㉠　　) 읽겠습니다.

61. ㉠에 들어갈 말로 가장 알맞은 것을 고르십시오.

① 끝나려고

② 끝났지만

③ 끝난 후에

④ 끝날 때마다

62. 윗글의 내용과 같은 것을 고르십시오.

① 저는 시험을 보러 중국에 갑니다.

② 저는 노서관에서 빌린 책이 좋습니다.

③ 저는 오늘 도서관에 공부하러 갈 겁니다.

④ 저는 지난번에 중국으로 여행을 다녀왔습니다.

※ [63~64] 다음을 읽고 물음에 답하십시오.

● ○ ○

받는 사람: kmj@han.ac.kr

보낸 사람: happy@han.ac.kr

제목: 수업 결석

교수님, 안녕하세요?

저는 한국어학과 2학년 왕웨이입니다. 저는 중국에서 온 유학생인데, 이번 주 금요일에 중국에서 부모님이 오십니다. 아직 방학이 아니지만 부모님께서 일찍 오셔서 함께 여행을 하려고 합니다. 그래서 이번 주 금요일에는 학교에 못 갑니다. 하지만 집에서 공부를 열심히 하겠습니다.

왕웨이 올림

---

63. 왜 윗글을 썼는지 맞는 것을 고르십시오. (2점)

① 방학 계획을 바꾸려고

② 여행 일정을 취소하려고

③ 결석하는 이유를 알려 주려고

④ 집에서 공부하는 것을 허락받으려고

64. 윗글의 내용과 같은 것을 고르십시오. (3점)

① 방학을 해서 여행을 갈 겁니다.

② 중국에 있는 대학교에 다닙니다.

③ 이 사람은 한국어학과 학생입니다.

④ 지난주 금요일에 여행을 갔습니다.

저는 대학생 때부터 강아지를 키웠는데, 매우 즐거웠습니다. 처음부터 강아지와 같이 산 것은 아닙니다. 저는 원래 동물을 싫어해서 혼자 살았던 사람입니다. 하지만 길에서 혼자 먹을 것을 찾고 있는 강아지를 보고 마음이 아팠습니다. 그래서 강아지를 집으로 데리고 와서 먹을 것을 주고 깨끗하게 씻겨 주었습니다. 그때부터 동물을 (㉠).

65. ㉠에 들어갈 말로 가장 알맞은 것을 고르십시오. (2점)
① 좋아할까 합니다　　　　　　② 좋을 것 같습니다
③ 좋아하게 됐습니다　　　　　④ 좋아하면 좋습니다

66. 윗글의 내용과 같은 것을 고르십시오. (3점)
① 동물이 싫었던 적이 있습니다.
② 집 앞에서 엄마 강아지를 찾았습니다.
③ 강아지를 키우는 것이 조금 힘듭니다.
④ 고등학생일 때 강아지를 처음 키웠습니다.

공부 계획을 하고 그 계획을 잘 지키는 사람이 몇 명이나 될까요? 많은 사람들은 (㉠) 잘 하지만 그것을 모두 지키기는 어렵습니다. 그 이유는 원하는 목표를 너무 높게 세웠기 때문입니다. 하루에 한 시간도 공부를 안 하던 사람이 갑자기 두세 시간으로 공부 시간을 늘리면 첫날은 성공해도 3일이 지나면 포기하게 됩니다. 따라서 갑자기 계획을 바꾸려고 하지 말고 10분씩 더 공부하겠다는 방법으로 조금씩 바꾼다면 공부 계획이 성공할 것입니다.

67. ㉠에 들어갈 말로 가장 알맞은 것을 고르십시오.
① 공부를 하는 것은　　　　　② 숙제를 내는 것은
③ 목표를 지키는 것은　　　　④ 계획을 세우는 것은

68. 윗글의 내용과 같은 것을 고르십시오.

① 하루에 십 분씩 공부하는 것이 좋습니다.

② 계획을 갑자기 바꿔서 끝까지 성공하면 됩니다.

③ 목표를 너무 높게 세우면 쉽게 포기하게 됩니다.

④ 하루 한 시간 이상 공부하면 성공할 수 있습니다.

※ [69~70] 다음을 읽고 물음에 답하십시오. (각 3점)

> 저는 지난주에 한국문화센터에 갔습니다. 한국문화센터에서 여러 한국 문화에 대해서 공부할 수 있고 체험할 수 있었습니다. 그중에서 한국의 왕과 왕비가 입었던 옷을 입어 보는 체험이 있었습니다. 옷을 입고 나서 그곳에서 해 주는 화장과 머리 손질 서비스도 받았습니다. 옷을 입고 찍은 사진을 받을 수도 있었습니다. 이렇게 한국 전통 옷을 (㉠) 친구들에게도 소개할 생각입니다.

69. ㉠에 들어갈 말로 가장 알맞은 것을 고르십시오.

① 입을까 해서   ② 입으려고 해서

③ 입어야 하기 때문에   ④ 입을 수 있기 때문에

70. 윗글의 내용으로 알 수 있는 것을 고르십시오.

① 한국문화센터에서 많은 옷을 입을 수 있습니다.

② 한국문화센터에서 사진을 찍는 방법을 배웁니다.

③ 한국문화센터에서 한국 문화를 배울 수 있습니다.

④ 한국문화센터에서 옷을 입을 때 화장은 할 수 없습니다.

제2회 실전 모의고사

실戦模擬試験 2

TOPIK I

듣기, 읽기

수험번호 (Registration No.)	
이 름 (Name)	한국어 (Korean)
	영 어 (English)

유 의 사 항
Information
注意事項

1. 시험 시작 지시가 있을 때까지 문제를 풀지 마십시오.

   Do not open the booklet until you are allowed to start.
   試験開始の指示があるまで問題を解かないでください。

2. 수험번호와 이름을 정확하게 적어 주십시오.

   Write your name and registration number on the answer sheet.
   受験番号と氏名を正確に書いてください。

3. 답안지를 구기거나 훼손하지 마십시오.

   Do not fold the answer sheet; keep it clean.
   答案用紙を折り曲げたり汚したりしないでください。

4. 답안지의 이름, 수험번호 및 정답의 기입은 배부된 펜을 사용하여 주십시오.

   Use the given pen only.
   答案用紙の氏名、受験番号および解答の記入は配布されたペンを使用してください。

5. 정답은 답안지에 정확하게 표시하여 주십시오.

   Mark your answer accurately and clearly on the answer sheet.
   解答は答案用紙に正確に記載してください。

   marking example

6. 문제를 읽을 때에는 소리가 나지 않도록 하십시오.

   Keep quiet while answering the questions.
   問題を読むときは音を立てないようにしてください。

7. 질문이 있을 때에는 손을 들고 감독관이 올 때까지 기다려 주십시오.

   When you have any questions, please raise your hand.
   質問があるときは手を挙げて、監督官が来るまでお待ちください。

TOPIK Ⅰ 듣기 (1번 ~ 30번)

※ [1~4] 다음을 듣고 〈보기〉와 같이 물음에 맞는 대답을 고르십시오.

─────〈보 기〉─────

가: 공부를 해요?

나: _____

❶ 네, 공부를 해요.　　　　　　② 아니요, 공부예요.

③ 네, 공부가 아니에요.　　　　④ 아니요, 공부를 좋아해요.

1. (4점)

① 네, 동생이 많아요.　　　　　② 네, 동생이 없어요.

③ 아니요, 동생이 아니에요.　　④ 아니요, 동생이 적어요.

2. (4점)

① 네, 영화예요.　　　　　　　② 네, 영화가 많아요.

③ 아니요, 영화를 봐요.　　　　④ 아니요, 영화가 재미없어요.

3. (3점)

① 동생을 만날 거예요.　　　　② 저녁에 만날 거예요.

③ 부모님과 만날 거예요.　　　④ 도서관에서 만날 거예요.

4. (3점)

① 아침에 배웠어요.　　　　　　② 친구에게 배웠어요.

③ 3년 동안 배웠어요.　　　　　④ 학교에서 배웠어요.

※ [5~6] 다음을 듣고 〈보기〉와 같이 이어지는 말을 고르십시오.

┌─────────────────〈 보　기 〉─────────────────┐

가: 늦어서 미안해요.

나: _____

① 고마워요.　　　　　　　　❷ 괜찮아요.

③ 여기 앉으세요.　　　　　④ 안녕히 계세요.

└──┘

5. (4점)

　① 안녕하세요.　　　　　　② 감사합니다.

　③ 미안합니다.　　　　　　④ 안녕히 가세요.

6. (3점)

　① 또 오세요.　　　　　　　② 오랜만입니다.

　③ 잘 다녀오세요.　　　　④ 잘 부탁드려요.

※ [7~10] 여기는 어디입니까? 〈보기〉와 같이 알맞은 것을 고르십시오.

┌─────────────────〈 보　기 〉─────────────────┐

가: 어서 오세요.

나: 여기 수박 있어요?

① 학교　　　② 약국　　　❸ 시장　　　④ 병원

└──┘

7. (3점)

　① 학교　　　② 병원　　　③ 호텔　　　④ 회사

8. (3점)

　① 시장　　　② 교실　　　③ 은행　　　④ 서점

9. (3점)
　　① 극장　　　　　② 회사　　　　　③ 빵집　　　　　④ 식당

10. (4점)
　　① 학교　　　　　② 공항　　　　　③ 백화점　　　　④ 영화관

※ [11~14] 다음은 무엇에 대해 말하고 있습니까? 〈보기〉와 같이 알맞은 것을 고르십시오.

┌─────────〈보　기〉─────────┐
가: 누구예요?

나: 이 사람은 형이고, 이 사람은 동생이에요.

❶ 가족　　　　　② 이름　　　　　③ 선생님　　　　④ 부모님
└──────────────────────────┘

11. (3점)
　　① 여행　　　　　② 계획　　　　　③ 방학　　　　　④ 생일

12. (3점)
　　① 값　　　　　　② 옷　　　　　　③ 맛　　　　　　④ 집

13. (4점)
　　① 취미　　　　　② 사진　　　　　③ 휴일　　　　　④ 계절

14. (3점)
　　① 시간　　　　　② 달력　　　　　③ 음식　　　　　④ 나이

15. ① 　②

③ 　④

16. ① 　②

③ 　④

※ [17~21] 다음을 듣고 〈보기〉와 같이 대화 내용과 같은 것을 고르십시오. (각 3점)

> ──────〈 보   기 〉──────
>
> **남자:** 요즘 한국어를 공부해요?
>
> **여자:** 네. 한국 친구한테서 한국어를 배워요.
>
> ① 남자는 학생입니다.　　　　　② 여자는 학교에 다닙니다.
>
> ③ 남자는 한국어를 가르칩니다.　❹ 여자는 한국어를 공부합니다.

17. ① 남자는 여자와 커피숍에 갈 겁니다.

    ② 남자는 선생님을 만나서 인사했습니다.

    ③ 여자는 선생님의 사무실에 가 봤습니다.

    ④ 여자는 커피숍에서 선생님을 만나기로 했습니다.

18. ① 여자는 차를 타고 춘천에 갈 겁니다.

    ② 여자는 1박 2일 동안 여행할 겁니다.

    ③ 남자는 기차 타는 장소를 알고 있습니다.

    ④ 남자는 회사 사람들과 여행하기로 했습니다.

19. ① 남자는 다음 달에 미국에 갑니다.

    ② 남자는 공부하러 미국에 갈 겁니다.

    ③ 여자는 미국에서 영어를 배울 겁니다.

    ④ 여자는 일 년 동안만 미국에 있을 겁니다.

20. ① 남자는 피자를 만들 줄 압니다.

    ② 여자는 피자를 자주 만들어 먹습니다.

    ③ 남자는 피자를 좋아해서 자주 먹습니다.

    ④ 여자는 남자에게 비싼 피자를 사 줬습니다.

21. ① 남자는 콘서트를 볼 수 있습니다.

② 여자는 오늘 기분이 좋지 않습니다.

③ 남자는 오늘 여자 친구를 만날 겁니다.

④ 여자는 회의가 있어서 늦게 끝날 겁니다.

※ [22~24] 다음을 듣고 여자의 중심 생각을 고르십시오. (각 3점)

22. ① 새 차보다 아버지 차가 더 좋습니다.

② 운전할 때 사고가 많이 날 수 있습니다.

③ 다른 사람이 사용한 차는 사고가 많이 납니다.

④ 처음 운전할 때 새 차를 사는 것은 안 좋습니다.

23. ① 날씨가 더워서 차가운 것을 먹고 싶습니다.

② 따뜻한 것을 마시면 감기에 걸리지 않습니다.

③ 건강을 위해서 따뜻한 차를 마시면 좋겠습니다.

④ 감기에 걸리면 아이스크림을 먹으면 안 됩니다.

24. ① 매운 음식은 건강에 좋지 않습니다.

② 매운 떡볶이는 제일 좋아하는 음식입니다.

③ 매운 음식을 많이 먹는 것은 좋지 않습니다.

④ 매운 음식을 먹으면 스트레스를 풀 수 있습니다.

※ [25~26] 다음을 듣고 물음에 답하십시오.

25. 여자가 왜 이 이야기를 하고 있는지 고르십시오. (3점)
① 일주일 동안 식당 문을 닫아서
② 백화점 청소 시간을 설명하려고
③ 백화점 세일 기간을 알려 주려고
④ 백화점 손님들에게 안내할 내용이 있어서

26. 들은 내용과 같은 것을 고르십시오. (4점)
① 백화점 세일은 오늘 끝났습니다.
② 오늘은 오전 8시에 백화점 문을 엽니다.
③ 오늘은 저녁 10시에 백화점 문을 닫습니다.
④ 백화점 세일 기간과 5층 청소 기간이 같습니다.

※ [27~28] 다음을 듣고 물음에 답하십시오.

27. 두 사람이 무엇에 대해 이야기를 하고 있는지 고르십시오. (3점)
① 봉사 활동 장소
② 봉사 활동 일정
③ 봉사 활동의 좋은 점
④ 봉사 활동을 해야 하는 이유

28. 들은 내용과 같은 것을 고르십시오. (4점)
① 남자는 여자와 둘이 차를 마실 겁니다.
② 남자는 수원역에서 할아버지를 만날 겁니다.
③ 여자는 점심 준비를 한 후에 방 청소를 할 겁니다.
④ 여자는 남자와 함께 수원에서 봉사 활동을 할 겁니다.

[29~30] 다음을 듣고 물음에 답하십시오.

29. 여자가 면접을 본 이유를 고르십시오. (3점)

    ① 중국에서 공부하고 싶어서

    ② 외국인을 가르치고 싶어서

    ③ 한국어 도우미가 되고 싶어서

    ④ 외국인에게 영어를 배우고 싶어서

30. 들은 내용과 같은 것을 고르십시오. (4점)

    ① 여자는 중국에 안 가 봤습니다.

    ② 여자는 면접 결과를 알고 있습니다.

    ③ 여자는 외국어를 배운 적이 없습니다.

    ④ 여자는 외국인에게 한국어를 가르쳤습니다.

TOPIK I 읽기 (31번~70번)

※ [31~33] 무엇에 대한 내용입니까? 〈보기〉와 같이 알맞은 것을 고르십시오. (각 2점)

─────〈보 기〉─────

사과가 있습니다. 그리고 배도 있습니다.

① 요일   ② 공부   ❸ 과일   ④ 생일

31. 밖에 비가 옵니다. 우산을 씁니다.

① 날씨   ② 버스   ③ 신체   ④ 장소

32. 학교가 쉽니다. 집에서 공부합니다.

① 노래   ② 방학   ③ 계절   ④ 공항

33. 오늘은 오 월 이십구 일입니다. 목요일입니다.

① 음식   ② 건물   ③ 가게   ④ 날짜

※ [34~39] 〈보기〉와 같이 ( )에 들어갈 말로 가장 알맞은 것을 고르십시오.

─────〈보 기〉─────

날씨가 좋습니다. ( )이 맑습니다.

① 눈   ② 밤   ❸ 하늘   ④ 구름

34. (2점)

이것은 사전(   ) 아닙니다. 책입니다.

① 과   ② 을   ③ 이   ④ 의

35. (2점)

방이 덥습니다. 창문을 (   ).

① 엽니다   ② 만듭니다   ③ 닦습니다   ④ 그립니다

36. (2점)

(   )에 갑니다. 돈을 환전합니다.

① 가게   ② 은행   ③ 학교   ④ 식당

37. (3점)

방 청소를 했습니다. 방이 (   ).

① 좁습니다   ② 다릅니다   ③ 깨끗합니다   ④ 시원합니다

38. (3점)

저는 노래를 좋아합니다. 그래서 (   ) 노래방에 갑니다.

① 자주   ② 아주   ③ 다시   ④ 제일

39. (2점)

단어를 모릅니다. 선생님에게 (   ).

① 줍니다   ② 핍니다   ③ 가르칩니다   ④ 질문합니다

※ [40~42] 다음을 읽고 맞지 <u>않는</u> 것을 고르십시오. (각 3점)

40.

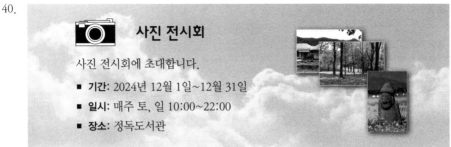

사진 전시회

사진 전시회에 초대합니다.

- **기간:** 2024년 12월 1일~12월 31일
- **일시:** 매주 토, 일 10:00~22:00
- **장소:** 정독도서관

① 매일 전시회를 엽니다.

② 전시회는 열 시에 끝납니다.

③ 한 달 동안 전시회를 합니다.

④ 도서관에서 사진을 볼 수 있습니다.

41.

책 읽기 모임

우리 함께 책을 읽어요!

매주 수요일 저녁 7시에 2층 회의실로 오세요!

* 저녁 식사는 하고 오세요.

① 수요일마다 모입니다.

② 저녁밥도 같이 먹습니다.

③ 저녁 일곱 시에 시작합니다.

④ 이 층 회의실에서 만납니다.

42.

시험 알림

5월 27일(금)

1교시: 듣기·읽기 10:00~11:50

2교시: 말하기 12:10~14:00

*시험 시작 5분 전에 자리에 앉으세요.

① 시험은 세 과목을 봅니다.

② 열 시까지 자리에 앉습니다.

③ 시험은 오후 두 시에 끝납니다.

④ 쉬는 시간은 열한 시 오십 분부터입니다.

※ [43~45] 다음을 읽고 내용이 같은 것을 고르십시오.

43. (3점)

> 다음 주 일요일은 어머니의 생신입니다. 어머니께서는 꽃을 좋아하십니다. 그래서 선물로 꽃을 드릴 겁니다.

① 저는 꽃을 좋아합니다.

② 어머니께서 꽃을 주십니다.

③ 일요일에 꽃을 받았습니다.

④ 주말에 어머니의 생신이 있습니다.

44. (2점)

> 어제 회사 근처에 있는 박물관에 갔습니다. 아들하고 같이 가서 구경했습니다. 아들이 매우 좋아했습니다.

① 박물관은 회사에서 멉니다.
② 저는 박물관을 구경할 겁니다.
③ 어제 아들과 회사에 갔습니다.
④ 아들이 박물관을 좋아했습니다.

45. (3점)

> 내일 친구하고 쇼핑하러 명동에 갑니다. 저는 옷하고 화장품을 사고 싶습니다. 제 친구는 화장품하고 신발을 사고 싶어 합니다.

① 명동에서 신발을 많이 팝니다.
② 오늘 명동에서 쇼핑을 합니다.
③ 친구는 옷을 사고 싶어 합니다.
④ 우리는 둘 다 화장품을 살 겁니다.

※ [46~48] 다음을 읽고 중심 내용을 고르십시오.

46. (3점)

> 어제는 학교 축제였지만 저는 못 갔습니다. 유명한 가수가 와서 노래를 하고 춤도 췄습니다. 내년에는 꼭 축제에 갈 겁니다.

① 저는 내년에 할 축제를 기다립니다.
② 저는 유명한 가수가 되고 싶습니다.
③ 제가 본 축제는 정말 재미있었습니다.
④ 저는 축제 때 노래하고 춤을 췄습니다.

47. (3점)

> 저는 회사 앞에 있는 커피숍에서 책 읽기를 좋아합니다. 그 커피숍은 조용하고 커서 좋습니다. 오늘은 거기에서 친구도 만날 겁니다.

① 저는 매일 책을 읽으려고 합니다.
② 저는 회사 근처 커피숍이 좋습니다.
③ 저는 친구를 만나면 기분이 좋습니다.
④ 저는 조용한 커피숍에 가고 싶습니다.

48. (2점)

> 저는 백화점에서 일합니다. 요즘 손님이 아주 많아서 쉴 시간이 없습니다. 백화점 일이 너무 많습니다.

① 백화점에 사람이 많아 바쁩니다.
② 백화점에서 매일 일하고 싶습니다.
③ 백화점에서 일하는 것이 쉽습니다.
④ 백화점에 손님이 많으면 좋겠습니다.

※ [49~50] 다음을 읽고 물음에 답하십시오. (각 2점)

> 저는 잠을 자기 전에 항상 (㉠) 차를 마십니다. 차를 마시면 잠이 잘 옵니다. 그런데 어제는 집에 마실 차가 없었습니다. 그래서 아침까지 잠을 못 잤습니다. 오늘은 집에 갈 때 차를 사서 가야겠습니다.

49. ㉠에 들어갈 말로 가장 알맞은 것을 고르십시오.

① 친절한   ② 따뜻한
③ 어려운   ④ 무거운

50. 윗글의 내용과 같은 것을 고르십시오.

① 어제 차를 마시고 잤습니다.

② 저는 잠을 항상 일찍 잡니다.

③ 저는 매일 아침 차를 마십니다.

④ 오늘 마실 차를 사고 집에 갈 겁니다.

※ [51~52] 다음을 읽고 물음에 답하십시오.

> 식물을 기를 때는 주의할 점이 있습니다. 식물이 햇빛을 좋아하는지 그늘을 좋아하는지를 알아야 합니다. 모든 식물이 햇빛을 좋아하지는 않습니다. 그리고 식물에 얼마나 물을 (㉠) 알아야 합니다. 보통 화분의 흙에 손가락을 넣어서 흙이 말랐을 때 물을 주는 것이 좋습니다.

51. ㉠에 들어갈 말로 가장 알맞은 것을 고르십시오. (3점)

① 사야 하는지   ② 줘야 하는지

③ 마셔야 하는지   ④ 버려야 하는지

52. 무엇에 대한 내용인지 맞는 것을 고르십시오. (2점)

① 식물의 종류   ② 식물을 사는 법

③ 식물을 기르는 법   ④ 식물이 좋아하는 것

※ [53~54] 다음을 읽고 물음에 답하십시오.

> 저는 자이아파트에 한 달 전에 이사를 왔습니다. 아파트에 자동차가 적고 조용해서 살기 좋습니다. 학교로 가는 버스가 많이 없어서 학교에 갈 때 (㉠) 곧 졸업을 하니까 괜찮습니다. 그리고 회사에 취직하면 차를 살 겁니다.

53. ㉠에 들어갈 말로 가장 알맞은 것을 고르십시오. (2점)

① 불편해서   ② 불편하고

③ 불편하니까   ④ 불편하지만

54. 윗글의 내용과 같은 것을 고르십시오. (3점)

① 저는 한 달 후에 취직을 할 겁니다.

② 저는 이사 온 지 한 달이 되었습니다.

③ 집에서 학교까지 운전을 해서 갑니다.

④ 아파트에 버스가 많아서 살기 좋습니다.

※ [55~56] 다음을 읽고 물음에 답하십시오.

저는 약속을 잘 잊어버립니다. 오늘도 친구와 같이 저녁을 먹은 후에 운동을 하기로 약속했습니다. 그런데 수업이 끝나고 약속을 잊어버리고 숙제를 했습니다. 저는 친구와 약속을 했는데 못 지켰습니다. 다음부터는 약속을 하면 잊어버리지 않을 겁니다. (㉠) 앞으로 약속을 하면 꼭 메모를 하려고 합니다.

55. ㉠에 들어갈 말로 가장 알맞은 것을 고르십시오. (2점)

① 그래서   ② 그리고

③ 그런데   ④ 그렇지만

56. 윗글의 내용과 같은 것을 고르십시오. (3점)

① 저는 약속이 중요하지 않습니다.

② 저는 약속을 많이 하지 않습니다.

③ 저는 약속을 잘 지키려고 합니다.

④ 저는 약속 장소에 일찍 가려고 합니다.

※ **[57~58] 다음을 순서에 맞게 배열한 것을 고르십시오.**

57. (3점)

> (가) 그래서 오늘도 한국 영화를 보러 갈 겁니다.
>
> (나) 저는 한국 영화 보는 것을 아주 좋아합니다.
>
> (다) 그리고 한국의 문화를 배울 수 있어서 좋습니다.
>
> (라) 영화의 내용이 재미있고 영화배우도 멋있습니다.

① (나) - (다) - (가) - (라)　　　② (나) - (다) - (라) - (가)

③ (나) - (라) - (가) - (다)　　　④ (나) - (라) - (다) - (가)

58. (2점)

> (가) 특히 불고기하고 비빔밥이 유명합니다.
>
> (나) 한국의 음식은 외국인에게 인기가 많습니다.
>
> (다) 두 음식은 모두 맵지 않아서 누구나 먹을 수 있습니다.
>
> (라) 그리고 만드는 것도 쉬워서 집에서 요리할 수 있습니다.

① (나) - (다) - (가) - (라)　　　② (나) - (다) - (라) - (가)

③ (나) - (가) - (다) - (라)　　　④ (나) - (가) - (라) - (다)

※ **[59~60] 다음을 읽고 물음에 답하십시오.**

> 　한국에는 옛날에 왕이 살던 집, 궁이 있습니다. (　㉠　) 서울에는 경복궁, 창덕궁, 덕수궁 등이 있습니다. 창덕궁에서는 매년 5월과 6월에 밤에도 볼 수 있게 문을 엽니다. (　㉡　) 달빛 아래에서 보는 궁은 햇빛 아래에서 보는 궁과는 다른 분위기가 있습니다. (　㉢　) 조용히 산책을 하며 사진을 찍거나 한국 전통 음악을 듣거나 할 수 있습니다. (　㉣　)

59. 다음 문장이 들어갈 곳으로 가장 알맞은 것을 고르십시오. (2점)

> 그래서 낮에 궁을 보는 것이 아닌 밤에 달과 함께 궁을 볼 수 있습니다.

① ㉠   ② ㉡   ③ ㉢   ④ ㉣

60. 윗글의 내용과 같은 것을 고르십시오. (3점)

① 궁에서는 조용히 해야 합니다.

② 밤에는 궁에 들어갈 수 없습니다.

③ 서울에는 옛날 왕의 집이 있습니다.

④ 궁에서는 음악 공연을 할 수 없습니다.

※ [61~62] 다음을 읽고 물음에 답하십시오. (각 2점)

> 제가 다니는 학교에는 재미있는 수업이 많이 있습니다. 주말마다 한국의 관광지를 여행할 수 있는 수업도 있습니다. 그 수업은 신청자가 많아서 반드시 일찍 신청해야 합니다. 먼저 이메일로 이름과 주소를 보낸 후에 사무실에 돈을 냅니다. 여행비는 학교에서 내 주고 학생들은 식사비만 (㉠) 좋습니다.

61. ㉠에 들어갈 말로 가장 알맞은 것을 고르십시오.

① 낸 지   ② 내니까   ③ 내려고   ④ 낸 후에

62. 윗글의 내용과 같은 것을 고르십시오.

① 저는 주말마다 학교에서 공부합니다.

② 여행비가 비싸지만 신청자가 많습니다.

③ 수업 신청서는 사무실에서 접수합니다.

④ 수업에 신청하려면 이메일을 써야 합니다.

※ [63~64] 다음을 읽고 물음에 답하십시오.

받는 사람: kmj@maver.com
보낸 사람: pop1887@maver.com
제목: 조별 발표

　첸첸 씨, 안녕하세요?
　저는 동건입니다. 다음 주 수요일에 발표할 내용을 이번 주 토요일까지 보내 주세요. 그리고 월요일 수업이 끝난 후에 만나서 발표 연습을 합시다. 5시에 연습을 시작해서 1시간 정도 걸릴 거예요. 이번 발표를 열심히 준비합시다! 그리고 발표 연습이 끝나면 같이 밥을 먹는 게 어때요? 답장 주세요.

동건

63. 왜 윗글을 썼는지 맞는 것을 고르십시오. (2점)

① 숙제를 보내려고

② 수업을 소개하려고

③ 발표 준비를 하려고

④ 저녁 식사에 초대하려고

64. 윗글의 내용과 같은 것을 고르십시오. (3점)

① 발표 준비를 주말에 모두 끝냈습니다.

② 수요일에 수업이 1시간 정도 걸립니다.

③ 발표 연습은 여섯 시쯤에 끝날 겁니다.

④ 월요일까지 발표 내용을 보내야 합니다.

　　　제주도는 한국의 유명한 관광지로 외국인들이 많이 찾는 곳입니다. 하지만 제주도에
서 나오는 유명한 과일은 외국인들이 잘 (　　㉠　　). 그것은 바로 한라봉과 귤입니다.
한라봉은 오렌지처럼 크고 맛있는데 가격이 조금 비쌉니다. 하지만 귤은 비싸지 않아서
자주 사 먹을 수 있습니다. 또한 몸에도 좋아서 인기가 많습니다.

65.　㉠에 들어갈 말로 가장 알맞은 것을 고르십시오. (2점)
　　① 모르게 됩니다　　　　　　　　　② 몰라서 좋습니다
　　③ 몰라도 괜찮습니다　　　　　　　④ 모르는 것 같습니다

66.　윗글의 내용과 같은 것을 고르십시오. (3점)
　　① 귤보다 한라봉이 몸에 더 좋습니다.
　　② 제주도는 한라봉과 귤이 유명합니다.
　　③ 귤은 크기가 크고 싸서 인기가 많습니다.
　　④ 한라봉은 비싸지만 자주 사 먹을 수 있습니다.

※　[67~68] 다음을 읽고 물음에 답하십시오. (각 3점)

　　　요즘 감기가 유행하고 있습니다. 감기에 자주 걸리는 사람들 중에는 생활 습관이 잘못
된 경우가 많습니다. 감기를 (　　㉠　　) 평소에 따뜻한 물을 자주 마시고 운동을 하는
것이 좋습니다. 외출한 뒤 집에 왔을 때 손을 꼭 씻습니다. 안 씻은 손으로 눈이나 코, 입을
만지지 않습니다. 음식을 잘 먹고 잠을 잘 자며 규칙적인 생활을 하는 것이 중요합니다.

67.　㉠에 들어갈 말로 가장 알맞은 것을 고르십시오.
　　① 잡기 위해서는　　　　　　　　　② 걸리기 위해서는
　　③ 예방하기 위해서는　　　　　　　④ 치료하기 위해서는

68. 윗글의 내용과 같은 것을 고르십시오.

① 잠을 안 자도 괜찮습니다.

② 음식을 많이 먹어야 합니다.

③ 손을 자주 씻는 것이 중요합니다.

④ 평소에 눈, 코, 입을 만지면 안 됩니다.

※ [69~70] 다음을 읽고 물음에 답하십시오. (각 3점)

> 저는 요즘 한국 예능 프로그램을 자주 봅니다. 단어가 어렵고 말이 빨라서 무슨 말을 하는지 모를 때가 많습니다. 하지만 한국 사람들이 (㉠) 말들을 배울 수 있습니다. 또 한국의 문화를 배울 수 있습니다. 한국의 유명한 장소나 음식, 유행하는 말, 게임 등을 알 수 있습니다. 그래서 한국 문화를 이해하는 데 많은 도움이 됩니다.

69. ㉠에 들어갈 알맞은 말로 가장 알맞은 것을 고르십시오.

① 사용하는   ② 사용하려는

③ 사용했던   ④ 사용하려고 하는

70. 윗글의 내용으로 알 수 있는 것을 고르십시오.

① 한국 예능 프로그램은 재미가 없습니다.

② 한국 예능 프로그램에 출연하고 싶습니다.

③ 한국 예능 프로그램을 이해할 수 있습니다.

④ 한국 예능 프로그램으로 한국 문화를 알 수 있습니다.

TOPIK I

듣기, 읽기

수험번호 (Registration No.)		
이 름 (Name)	한국어 (Korean)	
	영 어 (English)	

유 의 사 항
Information
注意事項

1. 시험 시작 지시가 있을 때까지 문제를 풀지 마십시오.

   Do not open the booklet until you are allowed to start.
   試験開始の指示があるまで問題を解かないでください。

2. 수험번호와 이름을 정확하게 적어 주십시오.

   Write your name and registration number on the answer sheet.
   受験番号と氏名を正確に書いてください。

3. 답안지를 구기거나 훼손하지 마십시오.

   Do not fold the answer sheet; keep it clean.
   答案用紙を折り曲げたり汚したりしないでください。

4. 답안지의 이름, 수험번호 및 정답의 기입은 배부된 펜을 사용하여 주십시오.

   Use the given pen only.
   答案用紙の氏名、受験番号および解答の記入は配布されたペンを使用してください。

5. 정답은 답안지에 정확하게 표시하여 주십시오.

   Mark your answer accurately and clearly on the answer sheet.
   解答は答案用紙に正確に記載してください。

   marking example

6. 문제를 읽을 때에는 소리가 나지 않도록 하십시오.

   Keep quiet while answering the questions.
   問題を読むときは音を立てないようにしてください。

7. 질문이 있을 때에는 손을 들고 감독관이 올 때까지 기다려 주십시오.

   When you have any questions, please raise your hand.
   質問があるときは手を挙げて、監督官が来るまでお待ちください。

※ [1~4] 다음을 듣고 〈보기〉와 같이 물음에 맞는 대답을 고르십시오.

第3回

〈 보　기 〉

가: 공부를 해요?

나: _____

❶ 네, 공부를 해요.　　　　　　② 아니요, 공부예요.

③ 네, 공부가 아니에요.　　　　④ 아니요, 공부를 좋아해요.

---

1. (4점)

　① 네, 영화관이 있어요.　　　　② 네, 영화관이 좋아요.

　③ 아니요, 영화관이 아니에요.　④ 아니요, 영화관이 넓어요.

2. (4점)

　① 네, 사진이에요.　　　　　　② 네, 사진이 좋아요.

　③ 아니요, 사진을 찍어요.　　　④ 아니요, 사진이 적어요.

3. (3점)

　① 밤에 전화했어요.　　　　　　② 친구가 전화했어요.

　③ 학교에서 전화했어요.　　　　④ 선생님에게 전화했어요.

4. (3점)

　① 지금 만들고 있어요.　　　　② 집에서 만들고 있어요.

　③ 김밥을 만들고 있어요.　　　④ 친구하고 만들고 있어요.

※ [5~6] 다음을 듣고 〈보기〉와 같이 이어지는 말을 고르십시오.

┌─────────────〈보　기〉─────────────┐
가: 늦어서 미안해요.

나: _____

① 고마워요.   ❷ 괜찮아요.

③ 여기 앉으세요.   ④ 안녕히 계세요.
└──────────────────────────────┘

5. (4점)

① 잘 가요.   ② 괜찮아요.

③ 좋겠습니다.   ④ 고맙습니다.

6. (3점)

① 아닙니다.   ② 죄송합니다.

③ 어서 오십시오.   ④ 여기 있습니다.

※ [7~10] 여기는 어디입니까? 〈보기〉와 같이 알맞은 것을 고르십시오.

┌─────────────〈보　기〉─────────────┐
가: 어서 오세요.

나: 여기 수박 있어요?

① 학교   ② 약국   ❸ 시장   ④ 병원
└──────────────────────────────┘

7. (3점)

① 영화관   ② 백화점   ③ 수영장   ④ 운동장

8. (3점)

① 은행   ② 회사   ③ 학교   ④ 공항

9. (3점)

① 병원   ② 공항   ③ 학교   ④ 호텔

10. (4점)

① 백화점   ② 운동장   ③ 도서관   ④ 박물관

※ [11~14] 다음은 무엇에 대해 말하고 있습니까? 〈보기〉와 같이 알맞은 것을 고르십시오.

〈보 기〉

가: 누구예요?

나: 이 사람은 형이고, 이 사람은 동생이에요.

❶ 가족   ② 이름   ③ 선생님   ④ 부모님

---

11. (3점)

① 날씨   ② 생일   ③ 여행   ④ 계획

12. (3점)

① 주소   ② 교통   ③ 주말   ④ 가구

13. (4점)

① 고향   ② 가족   ③ 약속   ④ 소포

14. (3점)

① 시간   ② 계절   ③ 주말   ④ 날짜

※ [15~16] 다음 대화를 듣고 가장 알맞은 그림을 고르십시오. (각 4점)

15. ①  ②

③  ④

16. ①  ②

③  ④

※ [17~21] 다음을 듣고 〈보기〉와 같이 대화 내용과 같은 것을 고르십시오. (각 3점)

〈보　기〉

남자: 요즘 한국어를 공부해요?

여자: 네. 한국 친구한테서 한국어를 배워요.

① 남자는 학생입니다.   ② 여자는 학교에 다닙니다.

③ 남자는 한국어를 가르칩니다.   ❹ 여자는 한국어를 공부합니다.

---

17. ① 남자는 백화점에서 쇼핑할 겁니다.
　　② 여자는 남자에게 선물을 줄 겁니다.
　　③ 여자는 남자와 같이 선물을 고를 겁니다.
　　④ 남자는 오늘 생일이라서 선물을 받았습니다.

18. ① 여자는 공항에 가야 합니다.
　　② 여자는 금요일 저녁에 수업이 있습니다.
　　③ 남자는 주말에 외국 친구를 만날 겁니다.
　　④ 남자는 여자와 함께 주말에 영화를 볼 겁니다.

19. ① 남자는 교통사고 때문에 입원했습니다.
　　② 여자는 병원에서 치료를 받고 있습니다.
　　③ 여자는 일주일 동안 병원에 있을 겁니다.
　　④ 남자는 다리 치료를 받아서 이제 괜찮습니다.

20. ① 여자는 제주도에 가 본 적이 있습니다.
　　② 남자는 여름에 제주도를 여행할 겁니다.
　　③ 여자는 제주도에 가족이 살고 있습니다.
　　④ 남자는 제주도 정보를 여자에게 알려 줄 겁니다.

21. ① 남자는 회식 날짜를 모릅니다.

② 남자는 고향에 내려가야 합니다.

③ 남자는 부모님과 같이 살고 있습니다.

④ 남자는 여자와 함께 회식하러 갈 겁니다.

※ [22~24] 다음을 듣고 여자의 중심 생각을 고르십시오. (각 3점)

22. ① 라면을 나눠 먹기 싫습니다.

② 아침을 먹어도 배가 고픕니다.

③ 음식을 더 주문하고 싶습니다.

④ 남자와 같은 음식을 먹어도 됩니다.

23. ① 청소하는 것이 싫습니다.

② 친구와 사는 것이 너무 즐겁습니다.

③ 방 청소를 저 혼자 하면 좋겠습니다.

④ 친구가 집안일을 도와주면 좋겠습니다.

24. ① 남자에게 태권도를 배우고 싶습니다.

② 태권도 학원에서 태권도를 배우면 좋겠습니다.

③ 태권도를 하면 자전거를 타지 않아도 괜찮습니다.

④ 한국 전통 문화를 경험할 수 있어서 태권도를 배워야 합니다.

※ [25~26] 다음을 듣고 물음에 답하십시오.

25. 여자가 왜 이 이야기를 하고 있는지 고르십시오. (3점)
   ① 수국을 기르는 방법을 설명하려고
   ② 꽃집에서 꽃 사는 방법을 안내하려고
   ③ 수국을 사야 하는 때를 가르쳐 주려고
   ④ 수국이 물을 좋아하는 이유를 알려 주려고

26. 들은 내용과 같은 것을 고르십시오. (4점)
   ① 수국은 흙이 말라도 죽지 않습니다.
   ② 수국은 여름에 꽃이 예쁘게 핍니다.
   ③ 수국은 매일 물을 주지 않아도 됩니다.
   ④ 수국은 강한 햇빛이 있어야 잘 자랍니다.

※ [27~28] 다음을 듣고 물음에 답하십시오.

27. 두 사람이 무엇에 대해 이야기를 하고 있는지 고르십시오. (3점)
   ① 집 청소
   ② 이사 비용
   ③ 이사할 장소
   ④ 이삿짐 옮기기

28. 들은 내용과 같은 것을 고르십시오. (4점)
   ① 여자는 새 집을 청소하려고 합니다.
   ② 여자는 혼자서 이삿짐을 모두 옮길 겁니다.
   ③ 남자는 여자에게 이삿짐 차를 불러 줄 겁니다.
   ④ 남자는 여자가 짐 싸는 것을 도와주고 있습니다.

[29~30] 다음을 듣고 물음에 답하십시오.

29. 여자가 전화한 이유를 고르십시오. (3점)

   ① 신청 기간을 알려 주려고

   ② 말하기 주제를 가르쳐 주려고

   ③ 말하기 대회 신청을 도와주려고

   ④ 말하기 대회를 도와 달라고 하려고

30. 들은 내용과 같은 것을 고르십시오. (4점)

   ① 여자는 말하기 대회 신청을 했습니다.

   ② 여자는 선생님에게 이메일을 보낼 겁니다.

   ③ 여자는 크리스와 말하기 연습을 할 겁니다.

   ④ 여자는 이미 말하기 발표 준비를 끝냈습니다.

TOPIK Ⅰ 읽기(31번~70번)

※ [31~33] 무엇에 대한 내용입니까? 〈보기〉와 같이 알맞은 것을 고르십시오. (각 2점)

───────〈보 기〉───────

사과가 있습니다. 그리고 배도 있습니다.

① 요일　　　　② 주말　　　　❸ 과일　　　　④ 생일

31. 가방을 삽니다. 구두도 삽니다.

① 감기　　　　② 쇼핑　　　　③ 날짜　　　　④ 계절

32. 10시 50분입니다. 10분 쉽니다.

① 시간　　　　② 공부　　　　③ 나라　　　　④ 선물

33. 저는 알리스입니다. 제 친구는 김승철입니다.

① 구두　　　　② 나이　　　　③ 이름　　　　④ 극장

※ [34~39] 〈보기〉와 같이 (　　　)에 들어갈 말로 가장 알맞은 것을 고르십시오.

───────〈보 기〉───────

날씨가 좋습니다. (　　　)이 맑습니다.

① 눈　　　　② 밤　　　　❸ 하늘　　　　④ 구름

34. (2점)

| 친구의 생일입니다. 그래서 친구(   ) 선물을 줍니다. |

① 를   ② 에   ③ 에게   ④ 에서

35. (2점)

| 백화점에 갑니다. 가방을 (   ). |

① 삽니다   ② 씁니다   ③ 빌립니다   ④ 버립니다

36. (2점)

| (   )에 갑니다. 편지를 보냅니다. |

① 공항   ② 가게   ③ 우체국   ④ 백화점

37. (3점)

| 학교가 (   ). 그래서 지하철을 타고 갑니다. |

① 멉니다   ② 큽니다   ③ 작습니다   ④ 많습니다

38. (3점)

| 저는 운동을 좋아합니다. (   ) 수영을 합니다. |

① 매일   ② 제일   ③ 아주   ④ 아까

39. (2점)

| 저는 스키를 좋아합니다. 스키를 잘 (   ). |

① 합니다   ② 탑니다   ③ 칩니다   ④ 붑니다

※　[40~42] 다음을 읽고 맞지 <u>않는</u> 것을 고르십시오. (각 3점)

40.

한국어 말하기 대회

외국인을 위한 한국어 말하기 대회에 신청하세요!

- **대회 일자**: 7월 2일 일요일 오후 2시
- **장소**: 도서관 3층 대강당

* 6월 21일부터 27일까지 han-test.or.kr에서 신청하세요.

① 대회는 오후 두 시에 합니다.

② 도서관 삼 층에서 신청합니다.

③ 신청은 일주일 동안 할 수 있습니다.

④ 주말에 한국어 말하기 대회가 있습니다.

41.

등산 여행

- **가는 곳**: 북한산
- **모임 장소**: 학교 정문 앞 버스 정류장(1001번 버스)
- **모임 시간**: 아침 7시

① 오후에 출발합니다.

② 버스를 타고 갑니다.

③ 북한산으로 등산을 갑니다.

④ 학교 정문 앞에서 만납니다.

42.

한강 유람선 시간표

평일	10:00	14:00	16:00	
주말	10:00	12:00	14:00	16:00

요금: 어른 16,000원, 어린이 11,000원

★ 월요일은 운행하지 않습니다.

① 월요일은 쉽니다.

② 한강에서 배를 탑니다.

③ 어린이는 만 천 원입니다.

④ 매일 네 번씩 표를 팝니다.

※ [43~45] 다음을 읽고 내용이 같은 것을 고르십시오.

43. (3점)

학교에 있는 컴퓨터는 빠르고 좋습니다. 집에 있는 컴퓨터는 오래되어 시간이 많이 걸립니다. 그래서 새 컴퓨터를 사고 싶습니다.

① 새 컴퓨터가 아주 느립니다.

② 학교의 컴퓨터는 오래 걸립니다.

③ 집에 있는 컴퓨터는 새 것입니다.

④ 집에 있는 컴퓨터를 바꾸고 싶습니다.

44. (2점)

> 저는 불고기를 좋아해서 자주 먹습니다. 오늘도 아침과 점심에 불고기를 먹었습니다. 불고기를 매일 먹으면 좋겠습니다.

① 저는 불고기를 자주 먹습니다.

② 저는 매일 불고기를 만듭니다.

③ 불고기를 먹으면 몸에 좋습니다.

④ 오늘 저녁에 불고기를 먹었습니다.

45. (3점)

> 저는 책 읽는 것을 좋아해서 서점에 주말마다 갔습니다. 하지만 지금은 돈이 없어서 도서관에 갑니다. 일주일에 세 번 갑니다.

① 도서관에서 책을 삽니다.

② 저는 책을 자주 읽습니다.

③ 주말마다 도서관에 갑니다.

④ 일주일에 세 번 서점에 갑니다.

※ [46~48] 다음을 읽고 중심 내용을 고르십시오.

46. (3점)

> 저는 새로 생긴 수영장에 다닙니다. 수영장은 청소를 자주 해서 깨끗하고 샤워하는 곳도 넓습니다. 그래서 매일 가려고 합니다.

① 수영장이 새로 생겼습니다.

② 수영장이 넓어서 자주 갑니다.

③ 수영장이 깨끗하면 좋겠습니다.

④ 수영장이 좋아서 매일 다니고 싶습니다.

47. (3점)

> 서울에 있는 경복궁은 유명한 곳입니다. 친구들은 경복궁에 많이 갔지만 저는 아직 못 갔습니다. 올해는 꼭 갈 겁니다.

① 저는 친구들과 경복궁에 갔습니다.
② 저는 경복궁이 유명해서 좋습니다.
③ 저는 올해 경복궁에 가려고 합니다.
④ 저는 경복궁에 다시 가고 싶습니다.

48. (2점)

> 저는 한 달에 두 번씩 미용실에 갑니다. 긴 머리를 싫어해서 머리를 자주 자릅니다. 돈을 많이 쓰지만 괜찮습니다.

① 저는 돈을 너무 많이 씁니다.
② 저는 머리를 기르고 싶습니다.
③ 저는 짧은 머리를 좋아합니다.
④ 저는 미용실에서 일하려고 합니다.

※ [49~50] 다음을 읽고 물음에 답하십시오. (각 2점)

> 제가 사는 집 근처에는 편의점이 많습니다. 편의점마다 물건이 많고 가격도 쌉니다. 그래서 사람들이 큰 슈퍼마켓에 가지 않고 편의점에 자주 갑니다. 그리고 편의점은 문을 닫지 않습니다. 밤에도 (㉠) 물건을 빨리 살 수 있어서 좋습니다.

49. ㉠에 들어갈 말로 가장 알맞은 것을 고르십시오.
① 필요한   ② 사용한
③ 깨끗한   ④ 똑똑한

50. 윗글의 내용과 같은 것을 고르십시오.

① 저는 편의점에 자주 갑니다.

② 편의점이 비싸지만 좋습니다.

③ 큰 슈퍼마켓은 밤에도 합니다.

④ 편의점이 집 가까운 곳에 있습니다.

※ [51~52] 다음을 읽고 물음에 답하십시오.

> 스트레스는 모든 병의 원인이 됩니다. 스트레스가 쌓일 때는 빨리 (㉠)이 중요합니다. 스트레스를 어떻게 줄이는 것이 좋을까요? 운동을 하거나 몸에 좋은 음식을 먹으면 좋습니다. 운동을 하면 기분이 좋아지고 건강한 음식을 먹으면 쉽게 피로를 느끼지 않게 됩니다. 그리고 밖에 나가서 기분을 바꿔 보는 것도 좋습니다.

51. ㉠에 들어갈 말로 가장 알맞은 것을 고르십시오. (3점)

① 푸는 것   ② 하는 것

③ 쓰는 것   ④ 씻는 것

52. 무엇에 대한 내용인지 맞는 것을 고르십시오. (2점)

① 스트레스의 종류   ② 스트레스 해결 방법

③ 스트레스를 받는 이유   ④ 스트레스로 할 수 있는 일

※ [53~54] 다음을 읽고 물음에 답하십시오.

> 저는 한국 음식을 만드는 것이 취미입니다. 지난주에는 떡볶이를 만들어서 친구들과 같이 먹었습니다. 이번 주에는 김치찌개를 만들려고 합니다. 제 친구들은 항상 밥을 많이 (㉠) 음식 준비를 많이 해야 합니다.

53. ㉠에 들어갈 말로 가장 알맞은 것을 고르십시오. (2점)

　① 먹지만　　　　　　　　② 먹으면

　③ 먹으니까　　　　　　　④ 먹으려고

54. 윗글의 내용과 같은 것을 고르십시오. (3점)

　① 제 친구들은 떡볶이를 잘 만듭니다.

　② 저는 친구 집에서 밥을 먹었습니다.

　③ 저는 이번 주에 한국 음식을 요리합니다.

　④ 지난주에 먹은 김치찌개가 맛있었습니다.

※　[55~56] 다음을 읽고 물음에 답하십시오.

> 　저는 한국에 와서 여러 나라의 친구들을 사귀었습니다. 마이클 씨는 우리 반에서 한국어를 제일 잘합니다. (　㉠　) 친절하고 재미있어서 많은 친구들이 좋아합니다. 준코 씨는 한국의 대학교에서 디자인을 공부하고 싶어 합니다. 저와 제일 친합니다. 처음에는 한국에서 친구가 없어서 외로웠지만 지금은 좋은 친구가 많아서 매일이 즐겁습니다.

55. ㉠에 들어갈 말로 가장 알맞은 것을 고르십시오. (2점)

　① 그리고　　　　　　　　② 그래서

　③ 그러면　　　　　　　　④ 그런데

56. 윗글의 내용과 같은 것을 고르십시오. (3점)

　① 저는 친구가 없어서 외롭습니다.

　② 저는 준코 씨와 사이가 좋습니다.

　③ 마이클 씨는 디자인을 좋아합니다.

　④ 준코 씨는 친절하고 재미있는 사람입니다.

※ [57~58] 다음을 순서에 맞게 배열한 것을 고르십시오.

57. (3점)

> (가) 저는 책을 좋아해서 자주 서점에 갑니다.
>
> (나) 그래서 새로운 책이 나올 때까지 기다립니다.
>
> (다) 그런데 서점에 갈 때마다 책을 사는 것은 아닙니다.
>
> (라) 서점에는 제가 사고 싶은 책이 없을 때도 있습니다.

① (가) - (다) - (나) - (라)　　　② (가) - (다) - (라) - (나)

③ (가) - (라) - (나) - (다)　　　④ (가) - (라) - (다) - (나)

58. (2점)

> (가) 편지를 받는 사람도 행복할 겁니다.
>
> (나) 그래서 편지를 쓰는 일이 거의 없습니다.
>
> (다) 하지만 손으로 편지를 쓰면 기분이 좋습니다.
>
> (라) 요즘은 사람들이 모두 휴대폰을 사용합니다.

① (라) - (가) - (나) - (다)　　　② (라) - (가) - (다) - (나)

③ (라) - (나) - (가) - (다)　　　④ (라) - (나) - (다) - (가)

※ [59~60] 다음을 읽고 물음에 답하십시오.

> 　한국에서는 식사할 때 젓가락하고 숟가락을 사용합니다. (㉠) 서양 사람들이 한국에 처음 와서 식사를 할 때 젓가락 사용을 많이 어려워합니다. (㉡) 젓가락은 사용하기가 쉽지 않지만 익숙해지면 음식을 집을 때 편리합니다. (㉢) 또한 어릴 때부터 젓가락을 사용하면 '두뇌 발달'에도 좋습니다. (㉣)

59. 다음 문장이 들어갈 곳으로 가장 알맞은 것을 고르십시오. (2점)

> 서양에서는 식사할 때 나이프와 포크를 주로 사용하기 때문입니다.

① ㉠　　　　　　　② ㉡　　　　　　　③ ㉢　　　　　　　④ ㉣

60. 윗글의 내용과 같은 것을 고르십시오. (3점)
　① 젓가락은 문제가 있습니다.
　② 젓가락은 배우기가 쉽습니다.
　③ 한국 사람들은 젓가락을 싫어합니다.
　④ 젓가락을 사용하면 머리가 좋아집니다.

※　[61~62] 다음을 읽고 물음에 답하십시오. (각 2점)

> 　　저는 작년에 한국에 와서 서울에서 1년 동안 살았습니다. 서울은 버스와 지하철이 발달되어서 차가 없어도 편합니다. 그리고 택시가 많고 운전기사님들이 친절해서 좋습니다. 처음에는 한국어를 못해서 택시를 타기가 어려웠는데 지금은 괜찮습니다. 그래서 공항에 갈 때나 쇼핑을 많이 해서 가방이 (　㉠　) 택시를 자주 이용합니다.

61.　㉠에 들어갈 말로 가장 알맞은 것을 고르십시오.
　① 무겁고　　　　　　　　② 무겁지만
　③ 무거운지　　　　　　　④ 무거울 때

62. 윗글의 내용과 같은 것을 고르십시오.
　① 저는 한국에 산 지 이 년이 되었습니다.
　② 저는 차가 없지만 한국 생활이 편합니다.
　③ 제가 만난 버스 운전기사가 친절했습니다.
　④ 택시를 타는 것이 어렵지만 싸서 좋습니다.

※ [63~64] 다음을 읽고 물음에 답하십시오.

받는 사람: kmj@maver.com, anghi@maver.com...

보낸 사람: park@maver.com

제목: 친구들을 위한 졸업 파티

친구들, 졸업을 축하합니다!

저는 여러분을 위해서 금요일 저녁에 파티를 하려고 합니다. 이번 주 금요일 오전에 졸업식이 있으니까 졸업식이 끝난 후에 모입시다. 그리고 같이 장을 본 후, 우리 집에서 노래도 부르고 즐거운 파티를 합시다. 음료수는 미리 샀습니다. 과일하고 과자만 더 사면 됩니다. 그럼 금요일 졸업식에서 만나요!

영호

---

63. 왜 윗글을 썼는지 맞는 것을 고르십시오. (2점)

① 장을 본 후 친구를 만나려고

② 금요일에 부를 노래를 준비하려고

③ 졸업 파티에 친구들을 초대하려고

④ 졸업 파티에 친구하고 같이 가려고

64. 윗글의 내용과 같은 것을 고르십시오. (3점)

① 졸업식이 끝난 후에 파티 준비를 합니다.

② 영호 씨는 이번 주말에 졸업식을 합니다.

③ 친구들하고 금요일 오전에 시장에 갑니다.

④ 장을 보러 가서 음료수하고 과자를 살 겁니다.

> 　제가 일하는 곳은 한국의 공항 중에서 가장 큰 인천공항입니다. 저는 제가 일하는 곳이 아주 마음에 듭니다. 집에서 멀어서 기숙사 생활을 해야 하는 단점도 있습니다. 하지만 많은 손님들이 바쁘게 다니는 것을 보면서 저도 열심히 살아야겠다는 생각을 (　　㉠　　). 그리고 가끔 영화배우나 가수가 오면 대화도 할 수 있어서 아주 재미있습니다.

65. ㉠에 들어갈 말로 가장 알맞은 것을 고르십시오. (2점)

　① 하게 됩니다　　　　　　　② 할까 합니다

　③ 하면 좋습니다　　　　　　④ 하고 싶습니다

66. 윗글의 내용과 같은 것을 고르십시오. (3점)

　① 일하는 곳이 멀지만 집에서 출근합니다.

　② 인천공항에서 일하는 사람들은 바쁩니다.

　③ 인천공항은 한국에서 제일 큰 공항입니다.

　④ 기숙사에서 생활하는 것이 아주 재미있습니다.

> 　호랑이 선생님은 호랑이처럼 무서운 선생님을 말합니다. 이것은 선생님의 성격이 나쁘고 항상 화를 낸다는 뜻이 아닙니다. 학생들이 바르게 생활할 수 있게 하려고 학생들에게 무섭게 하는 선생님을 말합니다. 그래서 규칙을 지키지 않는 학생들은 호랑이 선생님을 피해서 다닙니다. 하지만 선생님이 무서운 모습과는 달리 마음속으로는 따뜻하게 학생들을 생각한다는 것을 느끼게 되면 학생들은 자신들이 많은 (　　㉠　　) 알게 됩니다. 그래서 학교를 졸업한 후에도 호랑이 선생님을 계속 생각하고 찾아가는 것입니다.

67. ㉠에 들어갈 말로 가장 알맞은 것을 고르십시오.

　① 공부를 한다는 것을　　　　② 숙제를 준다는 것을

　③ 편지를 쓴다는 것을　　　　④ 사랑을 받고 있다는 것을

68. 윗글의 내용과 같은 것을 고르십시오.

① 호랑이 선생님은 규칙을 지키지 않습니다.

② 호랑이 선생님을 찾아오는 학생들이 없습니다.

③ 호랑이 선생님은 항상 학생들에게 무섭게 합니다.

④ 호랑이 선생님은 따뜻한 마음을 가지고 있습니다.

※　[69~70] 다음을 읽고 물음에 답하십시오. (각 3점)

> 　저는 어릴 때부터 다양한 우표를 모았습니다. 특히 외국에 사는 친구나 친척에게서 받은 편지에 있는 우표를 좋아합니다. 우표를 보면 그 나라의 문화를 알 수 있습니다. 한국에서는 볼 수 없는 우표들도 많이 있습니다. 우표의 가격이 바뀌는 것도 알 수 있습니다. 많은 정보가 (　㉠　) 저는 우표를 수집하는 것을 좋아합니다.

69. ㉠에 들어갈 말로 가장 알맞은 것을 고르십시오.

① 있을까 해서　　　　　　　② 있기 때문에

③ 있으면 좋아서　　　　　　④ 있을 수 없어서

70. 윗글의 내용으로 알 수 있는 것을 고르십시오.

① 우표는 가격이 항상 같습니다.

② 저는 외국에 친척이 있습니다.

③ 우표는 종류가 하나밖에 없습니다.

④ 친구에게 편지 받는 것을 좋아합니다.

제 4 회 실전 모의고사

実戦模擬試験 4

TOPIK I

듣기, 읽기

수험번호 (Registration No.)		
이 름 (Name)	한국어 (Korean)	
	영 어 (English)	

유 의 사 항
Information
注意事項

1. 시험 시작 지시가 있을 때까지 문제를 풀지 마십시오.

   Do not open the booklet until you are allowed to start.
   試験開始の指示があるまで問題を解かないでください。

2. 수험번호와 이름을 정확하게 적어 주십시오.

   Write your name and registration number on the answer sheet.
   受験番号と氏名を正確に書いてください。

3. 답안지를 구기거나 훼손하지 마십시오.

   Do not fold the answer sheet; keep it clean.
   答案用紙を折り曲げたり汚したりしないでください。

4. 답안지의 이름, 수험번호 및 정답의 기입은 배부된 펜을 사용하여 주십시오.

   Use the given pen only.
   答案用紙の氏名、受験番号および解答の記入は配布されたペンを使用してください。

5. 정답은 답안지에 정확하게 표시하여 주십시오.

   Mark your answer accurately and clearly on the answer sheet.
   解答は答案用紙に正確に記載してください。

6. 문제를 읽을 때에는 소리가 나지 않도록 하십시오.

   Keep quiet while answering the questions.
   問題を読むときは音を立てないようにしてください。

7. 질문이 있을 때에는 손을 들고 감독관이 올 때까지 기다려 주십시오.

   When you have any questions, please raise your hand.
   質問があるときは手を挙げて、監督官が来るまでお待ちください。

※ [1~4] 다음을 듣고 〈보기〉와 같이 물음에 맞는 대답을 고르십시오.

〈보 기〉

가: 공부를 해요?

나: _____

❶ 네, 공부를 해요.　　　　　　　② 아니요, 공부예요.

③ 네, 공부가 아니에요.　　　　　④ 아니요, 공부를 좋아해요.

第4回

1. (4점)

　① 네, 친구가 많아요.　　　　　② 네, 친구가 없어요.

　③ 아니요, 친구가 작아요.　　　④ 아니요, 친구가 아니에요.

2. (4점)

　① 네, 방이 작아요.　　　　　　② 네, 방이 있어요.

　③ 아니요, 방이 좁아요.　　　　④ 아니요, 방이 아니에요.

3. (3점)

　① 친구가 주문할 거예요.　　　② 커피를 주문할 거예요.

　③ 이따가 주문할 거예요.　　　④ 커피숍에서 주문할 거예요.

4. (3점)

　① 동생하고 가고 싶어요.　　　② 방학에 가고 싶어요.

　③ 1년 동안 가고 싶어요.　　　④ 한국에 가고 싶어요.

※ [5~6] 다음을 듣고 〈보기〉와 같이 이어지는 말을 고르십시오.

〈보　기〉

가: 늦어서 미안해요.

나: _____

① 고마워요.　　　　　　　　❷ 괜찮아요.

③ 여기 앉으세요.　　　　　　④ 안녕히 계세요.

5. (4점)

① 또 오세요.　　　　　　　　② 실례합니다.

③ 반갑습니다.　　　　　　　④ 잘 지내세요.

6. (3점)

① 네, 말씀하세요.　　　　　　② 네, 그렇습니다.

③ 네, 반갑습니다.　　　　　　④ 네, 부탁합니다.

※ [7~10] 여기는 어디입니까? 〈보기〉와 같이 알맞은 것을 고르십시오.

〈보　기〉

가: 어서 오세요.

나: 여기 수박 있어요?

① 학교　　　　② 약국　　　　❸ 시장　　　　④ 병원

7. (3점)

① 가게　　　　② 식당　　　　③ 공항　　　　④ 약국

8. (3점)

① 학교　　　　② 마트　　　　③ 공원　　　　④ 극장

9.　(3점)

　　① 미술관　　　　② 대사관　　　　③ 우체국　　　　④ 기차역

10.　(4점)

　　① 도서관　　　　② 박물관　　　　③ 미용실　　　　④ 문구점

※　[11~14] 다음은 무엇에 대해 말하고 있습니까? 〈보기〉와 같이 알맞은 것을 고르십시오.

───────────〈보　　기〉───────────

가: 누구예요?

나: 이 사람은 형이고, 이 사람은 동생이에요.

❶ 가족　　　　② 이름　　　　③ 선생님　　　　④ 부모님

11.　(3점)

　　① 취미　　　　② 나라　　　　③ 계획　　　　④ 직업

12.　(3점)

　　① 인사　　　　② 친구　　　　③ 가족　　　　④ 주소

13.　(4점)

　　① 요리　　　　② 기분　　　　③ 날짜　　　　④ 운동

14.　(3점)

　　① 약속　　　　② 시간　　　　③ 날씨　　　　④ 달력

※ [15~16] 다음 대화를 듣고 가장 알맞은 그림을 고르십시오. (각 4점)

15. ①  ②

③  ④

16. ①  ②

③  ④

84

※ [17~21] 다음을 듣고 〈보기〉와 같이 대화 내용과 같은 것을 고르십시오. (각 3점)

─────〈보　기〉─────

남자: 요즘 한국어를 공부해요?

여자: 네. 한국 친구한테서 한국어를 배워요.

① 남자는 학생입니다.　　　　　② 여자는 학교에 다닙니다.

③ 남자는 한국어를 가르칩니다.　❹ 여자는 한국어를 공부합니다.

17. ① 여자는 남자와 함께 버스를 탈 겁니다.

② 남자는 남대문에 가는 방법을 모릅니다.

③ 여자는 남자와 남대문에서 만날 겁니다.

④ 남자는 여자에게 길을 물어보고 있습니다.

18. ① 여자는 회의 준비를 하고 있습니다.

② 여자는 커피와 빵을 사러 갈 겁니다.

③ 남자는 여자에게 점심을 사 줬습니다.

④ 남자는 여자에게 회의 자료를 줄 겁니다.

19. ① 여자는 걷다가 다리를 다쳤습니다.

② 남자는 여자를 치료해 주고 있습니다.

③ 여자는 오늘 퇴원해서 집에 갈 수 있습니다.

④ 남자는 규칙적으로 걷는 운동을 하고 있습니다.

20. ① 여자는 스키를 배운 적이 없습니다.

② 남자는 여자보다 스키를 잘 못 탑니다.

③ 남자는 스키를 배운 지 10년이 됐습니다.

④ 여자는 남자와 스키장에 간 적이 있습니다.

21. ① 여자는 점심으로 냉면을 먹을 겁니다.

② 남자는 사장님과 함께 식당에 갈 겁니다.

③ 남자는 회사 근처 식당에서 냉면을 먹어 봤습니다.

④ 여자는 약속이 있어서 남자와 식당에 갈 수 없습니다.

※ [22~24] 다음을 듣고 여자의 중심 생각을 고르십시오. (각 3점)

22. ① 수업을 자주 듣는 게 중요합니다.

② 발음은 혼자 연습하는 것이 좋습니다.

③ 학원에서 영어를 배우는 것이 중요합니다.

④ 매일 조금씩 연습하면 발음 실력이 좋아집니다.

23. ① 파티에 참석할 수 없어서 슬픕니다.

② 친구들이 없어서 기분이 안 좋습니다.

③ 다른 사람들에게 저녁을 사야 합니다.

④ 파티를 하려면 식당을 예약해야 합니다.

24. ① 실수하는 것은 나쁜 일입니다.

② 할 일을 잊어버리면 안 됩니다.

③ 잘못한 일은 잊어버려야 합니다.

④ 메모를 하면 할 일을 기억하기 쉽습니다.

※　[25~26] 다음을 듣고 물음에 답하십시오.

25.　여자가 왜 이 이야기를 하고 있는지 고르십시오. (3점)
　　　① 여행 신청을 받으려고
　　　② 자기 여행사를 알리려고
　　　③ 여행 정보를 설명하려고
　　　④ 국내 여행을 부탁하려고

26.　들은 내용과 같은 것을 고르십시오. (4점)
　　　① 여행 계획을 세우는 게 쉽습니다.
　　　② 여행사에서 호텔을 예약할 수 있습니다.
　　　③ 여행사에서 해외여행 준비도 도와줍니다.
　　　④ 항상 20% 싸게 기차표를 살 수 있습니다.

第4回

※　[27~28] 다음을 듣고 물음에 답하십시오.

27.　두 사람이 무엇에 대해 이야기를 하고 있는지 고르십시오. (3점)
　　　① 돈의 나쁜 점
　　　② 돈이 중요한 이유
　　　③ 돈을 모으는 방법
　　　④ 돈을 모으면 좋은 점

28.　들은 내용과 같은 것을 고르십시오. (4점)
　　　① 남자는 자동차를 사고 싶어 합니다.
　　　② 남자는 매달 30만 원을 저금하고 있습니다.
　　　③ 여자는 자동차를 산 지 10년이 되었습니다.
　　　④ 여자는 모은 돈으로 자동차를 사려고 합니다.

29. 여자가 전화를 못 받은 이유를 고르십시오. (3점)

　① 일찍 잠이 들어서

　② 남자에게 화가 나서

　③ 아르바이트를 하고 있어서

　④ 도서관에서 공부하고 있어서

30. 들은 내용과 같은 것을 고르십시오. (4점)

　① 여자는 공부하러 도서관에 갔습니다.

　② 남자는 일찍 끝나는 일을 하고 있습니다.

　③ 남자는 일이 끝난 후에 도서관에서 공부합니다.

　④ 여자는 편의점에서 아르바이트를 하고 있습니다.

TOPIK I 읽기 (31번~70번)

第4回

※ [31~33] 무엇에 대한 내용입니까? 〈보기〉와 같이 알맞은 것을 고르십시오. (각 2점)

〈보 기〉
사과가 있습니다. 그리고 배도 있습니다.

① 요일　　　　② 공부　　　　❸ 과일　　　　④ 생일

31. 배가 아픕니다. 의사를 만납니다.

① 가수　　　　② 책상　　　　③ 가족　　　　④ 병원

32. 아버지는 서울에서 일하십니다. 어머니는 부산에 사십니다.

① 바지　　　　② 부모　　　　③ 날씨　　　　④ 고향

33. 여기는 1층입니다. 사무실은 2층에 있습니다.

① 건물　　　　② 지하　　　　③ 신발　　　　④ 모임

※ [34~39] 〈보기〉와 같이 (　　　　)에 들어갈 말로 가장 알맞은 것을 고르십시오.

〈보 기〉
날씨가 좋습니다. (　　　)이 맑습니다.

① 눈　　　　② 밤　　　　❸ 하늘　　　　④ 구름

34. (2점)

> 백화점에 갔습니다. 옷(   ) 구두를 샀습니다.

① 을   ② 이   ③ 과   ④ 의

35. (2점)

> 창문이 더럽습니다. 창문을 (   ).

① 만듭니다   ② 그립니다   ③ 닫습니다   ④ 닦습니다

36. (2점)

> 날씨가 좋습니다. 공원에서 (   )을 합니다.

① 여행   ② 산책   ③ 수영   ④ 등산

37. (3점)

> 백화점은 옷이 (   ). 그래서 시장에서 옷을 삽니다.

① 비쌉니다   ② 예쁩니다   ③ 같습니다   ④ 짧습니다

38. (3점)

> 저는 여행을 (   ) 좋아합니다. 이번 방학에도 제주도로 여행을 갈 겁니다.

① 보통   ② 자주   ③ 정말   ④ 아까

39. (2점)

> 피아노를 오래 배웠습니다. 그래서 피아노를 잘 (   ).

① 붑니다   ② 칩니다   ③ 합니다   ④ 탑니다

※ [40~42] 다음을 읽고 맞지 <u>않는</u> 것을 고르십시오. (각 3점)

40.

학교 축제

초대 가수 공연과 동아리 공연이 있습니다.

- **기간**: 2024년 5월 13일 ~ 5월 17일
- **시간**: 17:00
- **장소**: 대운동장

① 동아리 공연을 할 겁니다.

② 일곱 시에 공연을 시작합니다.

③ 오월 십삼 일에 축제를 시작합니다.

④ 대운동장에서 공연을 볼 수 있습니다.

41.

수영 대회

수영을 잘합니까?

더운 여름! 수영 대회에 참가 신청하세요!

- **대회 일자**: 2024년 8월 15일
- **신청 기간**: 2024년 8월 1일 ~ 8월 8일

* 신청자에게 수영 모자를 드립니다.

① 수영 모자를 선물로 받습니다.

② 신청이 팔월 팔 일부터입니다.

③ 수영 대회에 신청할 수 있습니다.

④ 대회가 팔월 십오 일에 있습니다.

42.

◆◆ 학생 식당 메뉴 ◆◆

아침	07:00~09:30	불고기
점심	11:00~01:30	냉면
저녁	05:30~08:00	비빔밥

※ 가격: 4,500원

① 아침에 불고기를 팝니다.

② 두 시에 냉면을 먹습니다.

③ 식당은 여덟 시까지 합니다.

④ 비빔밥은 사천오백 원입니다.

※ [43~45] 다음을 읽고 내용이 같은 것을 고르십시오.

43. (3점)

집 앞에 곧 은행이 생깁니다. 전에는 은행이 멀어서 버스를 타고 갔습니다. 하지만 이제 걸어서 갈 수 있습니다.

① 집 앞에 은행이 생길 겁니다.

② 은행에 버스를 타고 갈 겁니다.

③ 전에는 걸어서 은행에 갔습니다.

④ 가까운 곳에서 돈을 찾았습니다.

44. (2점)

> 저는 커피를 좋아해서 하루에 한 잔씩 꼭 마십니다. 오늘도 커피를 마셨습니다.
> 그런데 오늘은 너무 많이 마셔서 잠이 안 옵니다.

① 오늘은 일찍 자겠습니다.
② 저는 커피를 매일 마십니다.
③ 커피를 마시고 잠을 잤습니다.
④ 저는 커피를 만들어서 마십니다.

45. (3점)

> 저는 금요일 아침마다 수영을 배웁니다. 수영이 어렵지 않아서 빨리 배웠습니다.
> 수영을 하니까 하루가 즐겁고 좋습니다.

① 수영을 하면 즐겁습니다.
② 수영이 어려워서 힘듭니다.
③ 저는 수영을 배우고 싶습니다.
④ 저는 주말마다 수영을 배웁니다.

※ [46~48] 다음을 읽고 중심 내용을 고르십시오.

46. (3점)

> 저는 회사원입니다. 제가 지금 일하는 회사는 집에서 너무 멉니다. 그래서 요즘 집
> 근처에 있는 회사를 찾고 있습니다.

① 저는 회사가 가까워서 좋습니다.
② 저는 회사를 열심히 다니겠습니다.
③ 저는 다른 회사에 다니고 싶습니다.
④ 저는 회사에서 일하는 것이 힘듭니다.

47. (3점)

> 저는 지난주에 운동을 시작했습니다. 요즘 살이 많이 쪄서 좋아하는 옷을 못 입습니다. 운동을 열심히 해서 좋아하는 옷을 다시 입을 겁니다.

① 저는 옷을 사고 싶습니다.
② 저는 운동하는 것을 좋아합니다.
③ 저는 지난주까지 운동을 했습니다.
④ 저는 좋아하는 옷을 입으려고 운동합니다.

48. (2점)

> 행복병원은 사람이 많습니다. 친절해서 외국인도 많습니다. 의사가 천천히 말하고 항상 웃습니다.

① 행복병원은 의사가 많습니다.
② 행복병원은 외국인이 다닙니다.
③ 행복병원은 의사가 친절해서 좋습니다.
④ 행복병원은 사람이 많아서 오래 걸립니다.

※ [49~50] 다음을 읽고 물음에 답하십시오. (각 2점)

> 동대문시장에서는 물건을 싸게 살 수 있습니다. 수연 씨는 동대문시장에서 10년 전부터 일했습니다. 수연 씨는 친절해서 외국인에게 인기가 많습니다. 그리고 외국어를 잘해서 물건도 (㉠) 팝니다. 영어와 일본어를 잘하고 지금은 중국어도 배우고 있습니다.

49. ㉠에 들어갈 말로 가장 알맞은 것을 고르십시오.

① 조금   ② 아주
③ 많이   ④ 매우

50. 윗글의 내용과 같은 것을 고르십시오.

① 수연 씨는 물건을 싸게 삽니다.

② 수연 씨는 외국인에게 친절합니다.

③ 동대문시장은 10년 전에 생겼습니다.

④ 동대문시장에서 파는 물건이 비쌉니다.

※ [51~52] 다음을 읽고 물음에 답하십시오.

> 한국의 봄은 날씨가 따뜻합니다. 벚꽃, 진달래꽃 등 꽃이 많이 (㉠) 사람들이 꽃 구경을 많이 갑니다. 여름에는 날씨가 덥고 비가 자주 옵니다. 사람들은 보통 바다나 산으로 여행을 갑니다. 가을에는 날씨가 시원하고 단풍이 아름답습니다. 사람들은 단풍을 보러 등산을 많이 갑니다. 겨울에는 춥고 눈이 많이 내립니다. 스키를 타거나 스케이트를 탈 수 있습니다.

51. ㉠에 들어갈 말로 가장 알맞은 것을 고르십시오. (3점)

① 펴서 ② 사서

③ 길러서 ④ 잘라서

52. 무엇에 대한 내용인지 맞는 것을 고르십시오. (2점)

① 한국의 경치 ② 한국인의 운동

③ 한국의 사계절 ④ 한국인의 일상생활

第4回

> 저는 1년 전부터 행복꽃집에서 일을 했습니다. 제가 일하는 곳은 아주 크고 꽃이 싸서 손님이 많습니다. 그래서 저는 아침마다 큰 시장에 가서 꽃을 많이 사 옵니다. 꽃을 사러 매일 시장에 (㉠   ) 사장님들과 아주 친해졌습니다.

53. ㉠에 들어갈 말로 가장 알맞은 것을 고르십시오. (2점)

　　① 가면　　　　　　　　　　② 가고
　　③ 가지만　　　　　　　　　④ 가니까

54. 윗글의 내용과 같은 것을 고르십시오. (3점)

　　① 행복꽃집의 꽃은 아주 비쌉니다.
　　② 행복꽃집의 사람들은 친절합니다.
　　③ 저는 매일 아침 시장에서 꽃을 삽니다.
　　④ 저는 이 년 동안 꽃집에서 일했습니다.

> 저는 지난주에 남자 친구하고 같이 반지를 만들러 갔습니다. 반지를 만들 수 있는 가게가 있어서 그곳에서 같이 반지를 만들기로 했습니다. 반지를 만드는 것이 쉽지는 않았고 모양도 예쁘지 않았습니다. (㉠   ) 서로를 위해서 만든 반지여서 더 소중하게 느껴졌습니다. 이 반지를 볼 때마다 남자 친구가 생각납니다.

55. ㉠에 들어갈 말로 가장 알맞은 것을 고르십시오. (2점)

　　① 그리고　　　　　　　　　② 그래서
　　③ 하지만　　　　　　　　　④ 그러면

56. 윗글의 내용과 같은 것을 고르십시오. (3점)

① 우리가 만든 반지는 예쁩니다.

② 반지를 만드는 것은 어렵지 않습니다.

③ 반지를 보면서 남자 친구를 생각합니다.

④ 반지를 만드는 것보다 사는 것이 좋습니다.

※ [57~58] 다음을 순서에 맞게 배열한 것을 고르십시오.

57. (3점)

> (가) 하지만 에어컨이 있어서 괜찮습니다.
>
> (나) 제가 공부하는 교실에는 창문이 없습니다.
>
> (다) 창문이 없어서 어둡고 여름에는 조금 덥습니다.
>
> (라) 그리고 수업을 들을 때 창문 밖을 안 봐서 좋습니다.

① (나) - (다) - (가) - (라)　　　　② (나) - (다) - (라) - (가)

③ (나) - (라) - (가) - (다)　　　　④ (나) - (라) - (다) - (가)

58. (2점)

> (가) 한국에서는 바다에 쉽고 빠르게 갈 수 있습니다.
>
> (나) 그래서 사람들은 시간이 있을 때 바다에 자주 갑니다.
>
> (다) 인천에는 지하철도 있어서 지하철로도 갈 수 있습니다.
>
> (라) 예를 들어 서울에서 인천 바다까지 차로 한 시간 반 정도 걸립니다.

① (가) - (다) - (나) - (라)　　　　② (가) - (다) - (라) - (나)

③ (가) - (라) - (나) - (다)　　　　④ (가) - (라) - (다) - (나)

※ **[59~60] 다음을 읽고 물음에 답하십시오.**

> 저는 한국에서 한국어를 공부하고 있습니다. 지난주에 동생이 한국에 왔습니다.
> (㉠) 인사동에는 옛날 물건을 파는 가게가 많아서 동생이 아주 즐거워했습니다.
> (㉡) 동생은 부모님께 드릴 한국 그릇을 샀습니다. (㉢) 우리는 인사동에서 한국 전통 음식을 먹고 전통차를 마셨습니다. (㉣) 내일은 동대문에 가서 쇼핑을 할 겁니다.

59. 다음 문장이 들어갈 곳으로 가장 알맞은 것을 고르십시오. (2점)

> 동생은 한국의 전통문화를 좋아해서 동생과 함께 인사동에 갔습니다.

① ㉠　　　　　　② ㉡　　　　　　③ ㉢　　　　　　④ ㉣

60. 윗글의 내용과 같은 것을 고르십시오. (3점)

① 동생은 쇼핑을 좋아합니다.

② 저는 인사동을 자주 갑니다.

③ 동대문에서 한국 음식을 먹을 겁니다.

④ 부모님의 선물로 한국 그릇을 드릴 겁니다.

※ **[61~62] 다음을 읽고 물음에 답하십시오. (각 2점)**

> 저는 한국에 온 지 2년이 되었지만 어제 PC방에 처음 가 봤습니다. 그곳에서 컴퓨터를 할 수 있었는데 컴퓨터가 아주 빠르고 모니터가 커서 좋았습니다. 한국 사람들은 (㉠) PC방에 자주 갑니다. 1시간에 1,000원을 내고 할 수 있습니다. 가격도 비싸지 않아서 밤새 컴퓨터 게임을 하는 사람들이 많습니다.

61. ㉠에 들어갈 말로 가장 알맞은 것을 고르십시오.

① 게임을 하면　　　　　　② 게임을 하고

③ 게임을 해서　　　　　　④ 게임을 할 때

62. 윗글의 내용과 같은 것을 고르십시오.

　① 한국 PC방의 컴퓨터는 크고 빨랐습니다.

　② 저는 일 년 동안 PC방에 많이 가 봤습니다.

　③ 천 원을 내고 밤새 컴퓨터를 할 수 있습니다.

　④ PC방의 가격이 비싸서 어제 처음 가 봤습니다.

※　[63~64] 다음을 읽고 물음에 답하십시오.

받는 사람: kmj@maver.com, you123@maver.com...

보낸 사람: korean@maver.com

제목: 어려운 이웃 돕기

　한국어학과 여러분, 안녕하십니까?

　한국어학과에서 어려운 이웃 돕기를 위해서 안 쓰는 물건을 모으고 있습니다. 쓸 수 있지만 자주 사용하지 않는 물건을 학과 사무실에 가져오세요. 옷, 신발, 가방, 책이면 좋겠습니다. 다른 물건도 괜찮습니다. 물건을 가져오는 학생에게는 작은 선물을 드립니다. 많은 참여 바랍니다.

　　　　　　　　　　　　　　　　　　　　　　한국어학과

---

63. 왜 윗글을 썼는지 맞는 것을 고르십시오. (2점)

　① 옷과 신발을 팔려고　　　　　　② 어려운 이웃을 찾으려고

　③ 안 쓰는 물건을 모으려고　　　　④ 학생들에게 선물을 주려고

64. 윗글의 내용과 같은 것을 고르십시오. (3점)

　① 옷, 신발, 가방, 책만 낼 수 있습니다.

　② 다른 학과 학생들도 참여할 수 있습니다.

　③ 한국어학과에는 어려운 사람이 있습니다.

　④ 학과 사무실로 물건을 가져다주면 됩니다.

※ [65~66] 다음을 읽고 물음에 답하십시오.

> 저는 친구들하고 약속이 있을 때 신촌역에 자주 갑니다. 신촌은 제가 사는 곳에서 2시간쯤 걸리지만 어렵지 않게 갈 수 있어서 좋습니다. 신촌에 갈 때는 먼저 버스를 타고 지하철역까지 갑니다. 버스 정류장 바로 앞에 지하철역이 있어서 갈아탈 때 자주 이용합니다. 또한 지하철도 2호선이라서 신촌역까지 한 번에 가니까 (㉠).

65. ㉠에 들어갈 말로 가장 알맞은 것을 고르십시오. (2점)

① 편해도 됩니다　　　　　　② 편한 것 같습니다

③ 편할 수 있습니다　　　　　④ 편하기 어렵습니다

66. 윗글의 내용과 같은 것을 고르십시오. (3점)

① 쉽게 갈 수 있어서 좋습니다.

② 지하철만 타면 신촌에 갈 수 있습니다.

③ 제가 사는 곳 바로 앞에 지하철역이 있습니다.

④ 집에서 신촌역까지 가깝지만 지하철을 탑니다.

※ [67~68] 다음을 읽고 물음에 답하십시오. (각 3점)

> 한국의 휴대폰 시장은 빠르게 커졌습니다. 휴대폰으로 (㉠) 늘어나면서 더 빠른 인터넷을 원하게 되었습니다. 그래서 휴대폰 회사마다 광고를 할 때 제일 빠른 속도를 가지고 있다고 광고합니다. 하지만 단점도 많이 있습니다. 휴대폰 가격이 컴퓨터보다 비쌉니다. 또한 휴대폰으로 인터넷 게임을 너무 많이 하기 때문에 다른 사람과 대화할 시간이 줄어들기도 합니다.

67. ㉠에 들어갈 말로 가장 알맞은 것을 고르십시오.

① 사진을 찍는 사람이　　　　② 통화를 하는 사람이

③ 친구를 만나는 사람이　　　④ 인터넷을 하는 사람이

68. 윗글의 내용과 같은 것을 고르십시오.

① 컴퓨터보다 휴대폰 속도가 더 빠릅니다.

② 휴대폰 회사마다 빠른 속도를 자랑합니다.

③ 휴대폰 시장은 통화량이 늘면서 커졌습니다.

④ 인터넷을 하면서 다른 사람과 대화할 수 있습니다.

※ [69~70] 다음을 읽고 물음에 답하십시오. (각 3점)

> 큰 고민이 있을 때에는 계속 같은 장소에 있으면서 고민을 해결하려고 하지 마십시오. 한곳에만 계속 있으면 좋은 생각이 나지 않습니다. 그럴 때는 다른 곳에 가서 걷기도 하고 맑은 공기도 마시면서 기분을 (㉠   ) 좋습니다. 맛있는 음식을 먹거나 친구와 이야기를 하는 것도 좋습니다. 다른 곳에서 천천히 고민을 해결할 방법을 생각하는 것이 고민 해결에 도움이 됩니다.

69. ㉠에 들어갈 말로 가장 알맞은 것을 고르십시오.

① 바꾸는 것이   ② 바꾸려고 해야

③ 바꾸려고 해도   ④ 바꾸는 것만이

70. 윗글의 내용으로 알 수 있는 것을 고르십시오.

① 고민 해결 방법은 다 같습니다.

② 다른 장소는 고민 해결에 도움을 줍니다.

③ 한 장소에서 계속 생각하는 것이 좋습니다.

④ 고민을 해결하려면 다양한 장소에 가야 합니다.

TOPIK I

듣기, 읽기

수험번호 (Registration No.)		
이 름 (Name)	한국어 (Korean)	
	영 어 (English)	

유 의 사 항
Information
注意事項

1. 시험 시작 지시가 있을 때까지 문제를 풀지 마십시오.

   Do not open the booklet until you are allowed to start.
   試験開始の指示があるまで問題を解かないでください。

2. 수험번호와 이름을 정확하게 적어 주십시오.

   Write your name and registration number on the answer sheet.
   受験番号と氏名を正確に書いてください。

3. 답안지를 구기거나 훼손하지 마십시오.

   Do not fold the answer sheet; keep it clean.
   答案用紙を折り曲げたり汚したりしないでください。

4. 답안지의 이름, 수험번호 및 정답의 기입은 배부된 펜을 사용하여 주십시오.

   Use the given pen only.
   答案用紙の氏名、受験番号および解答の記入は配布されたペンを使用してください。

5. 정답은 답안지에 정확하게 표시하여 주십시오.

   Mark your answer accurately and clearly on the answer sheet.
   解答は答案用紙に正確に記載してください。

   marking example

6. 문제를 읽을 때에는 소리가 나지 않도록 하십시오.

   Keep quiet while answering the questions.
   問題を読むときは音を立てないようにしてください。

7. 질문이 있을 때에는 손을 들고 감독관이 올 때까지 기다려 주십시오.

   When you have any questions, please raise your hand.
   質問があるときは手を挙げて、監督官が来るまでお待ちください。

※ [1~4] 다음을 듣고 〈보기〉와 같이 물음에 맞는 대답을 고르십시오.

---〈 보　기 〉---

가: 공부를 해요?

나: _____

❶ 네, 공부를 해요.   ② 아니요, 공부예요.

③ 네, 공부가 아니에요.   ④ 아니요, 공부를 좋아해요.

第5回

1. (4점)

① 네, 자동차가 맞아요.   ② 네, 자동차가 빨라요.

③ 아니요, 자동차가 없어요.   ④ 아니요, 자동차가 아니에요.

2. (4점)

① 네, 집이에요.   ② 네, 집이 있어요.

③ 아니요, 집이 멀어요.   ④ 아니요, 집이 작아요.

3. (3점)

① 어제 줬어요.   ② 동생에게 줬어요.

③ 서점에서 줬어요.   ④ 아버지가 줬어요.

4. (3점)

① 매일 그렸어요.   ② 그림을 그렸어요.

③ 친구가 그렸어요.   ④ 정말 잘 그렸어요.

[5~6] 다음을 듣고 〈보기〉와 같이 이어지는 말을 고르십시오.

〈보　기〉

가: 늦어서 미안해요.

나: _____

① 고마워요.　　　　　　　　　❷ 괜찮아요.

③ 여기 앉으세요.　　　　　　　④ 안녕히 계세요.

---

5. (4점)

　① 환영해요.　　　　　　　　　② 죄송해요.

　③ 축하해요.　　　　　　　　　④ 미안해요.

6. (3점)

　① 네, 들어오세요.　　　　　　　② 네, 실례합니다.

　③ 네, 여기 있습니다.　　　　　　④ 네, 잠시만 기다리세요.

※ [7~10] 여기는 어디입니까? 〈보기〉와 같이 알맞은 것을 고르십시오.

〈보　기〉

가: 어서 오세요.

나: 여기 수박 있어요?

① 학교　　　　② 약국　　　　❸ 시장　　　　④ 병원

---

7. (3점)

　① 공항　　　　② 병원　　　　③ 기차역　　　　④ 미술관

8. (3점)

　① 공원　　　　② 교실　　　　③ 문구점　　　　④ 도서관

9. (3점)

　① 교실　　　　　② 가게　　　　　③ 호텔　　　　　④ 식당

10. (4점)

　① 서점　　　　　② 은행　　　　　③ 여행사　　　　　④ 백화점

※ [11~14] 다음은 무엇에 대해 말하고 있습니까? 〈보기〉와 같이 알맞은 것을 고르십시오.

第5回

―――――〈보　기〉―――――

가: 누구예요?

나: 이 사람은 형이고, 이 사람은 동생이에요.

❶ 가족　　　　　② 이름　　　　　③ 선생님　　　　　④ 부모님

11. (3점)

　① 가족　　　　　② 날짜　　　　　③ 친구　　　　　④ 선물

12. (3점)

　① 취미　　　　　② 건강　　　　　③ 기분　　　　　④ 식사

13. (4점)

　① 맛　　　　　② 값　　　　　③ 일　　　　　④ 방

14. (3점)

　① 여행　　　　　② 주말　　　　　③ 나라　　　　　④ 음식

15. ①  ②

③  ④

16. ①  ②

③  ④

※ [17~21] 다음을 듣고 〈보기〉와 같이 대화 내용과 같은 것을 고르십시오. (각 3점)

〈보 기〉

남자: 요즘 한국어를 공부해요?

여자: 네. 한국 친구한테서 한국어를 배워요.

① 남자는 학생입니다.　　　　　② 여자는 학교에 다닙니다.

③ 남자는 한국어를 가르칩니다.　❹ 여자는 한국어를 공부합니다.

17.　① 여자는 내일 시험을 볼 겁니다.

　　② 남자는 도서관에서 책을 빌릴 겁니다.

　　③ 여자는 도서관에서 빌린 책이 있습니다.

　　④ 남자는 여자와 도서관에서 공부할 겁니다.

18.　① 남자는 물건의 무게를 잽니다.

　　② 여자는 미국에 가려고 합니다.

　　③ 여자는 배로 물건을 보낼 겁니다.

　　④ 남자는 미국에서 보낸 소포를 받았습니다.

19.　① 여자는 주말에 회사에 가야 합니다.

　　② 남자는 주말에 여자의 집에 갈 겁니다.

　　③ 여자는 남자의 집과 가까운 곳에 삽니다.

　　④ 남자는 여자와 친구의 집들이에 갈 겁니다.

20.　① 여자는 어제 산 옷이 작습니다.

　　② 남자는 새로 티셔츠를 샀습니다.

　　③ 여자는 남자의 옷을 바꿔 주었습니다.

　　④ 남자는 여자에게 옷값을 받을 겁니다.

21. ① 남자는 노래를 불러서 목이 아픕니다.

② 남자는 약을 먹고 목이 다 나았습니다.

③ 여자는 남자와 같은 동아리 회원입니다.

④ 여자는 다음 주에 남자와 동아리 모임에 갈 겁니다.

※ [22~24] 다음을 듣고 <u>여자의 중심 생각</u>을 고르십시오. (각 3점)

22. ① 방학에 일을 하면 좋습니다.

② 평일에 일하는 사람이 많습니다.

③ 내일부터 일할 사람이 필요합니다.

④ 일할 사람이 있으면 연락을 주면 좋겠습니다.

23. ① 친구를 만나서 사과를 해야 합니다.

② 편지를 써서 사과하는 것이 좋습니다.

③ 친구의 카메라를 고쳐서 편지와 함께 줘야 합니다.

④ 친구에게 실수를 이야기하지 않는 것이 중요합니다.

24. ① 싫어하는 음식을 먹지 않아도 됩니다.

② 어렸을 때 음식을 잘 먹는 것이 중요합니다.

③ 직접 음식을 만들면 그 음식을 잘 먹을 수 있습니다.

④ 부모님은 아이들에게 직접 음식을 만들어 줘야 합니다.

※ [25~26] 다음을 듣고 물음에 답하십시오.

25. 여자가 왜 이 이야기를 하고 있는지 고르십시오. (3점)

　① 한국어 공부를 부탁하려고

　② 한국 국악 동아리를 소개하려고

　③ 한국 생활의 어려움을 이야기하려고

　④ 한국을 떠나게 되어 감사 인사를 하려고

26. 들은 내용과 같은 것을 고르십시오. (4점)

　① 지금 미국에서 살고 있습니다.

　② 한국어를 처음부터 잘했습니다.

　③ 4년 동안 한국어를 공부했습니다.

　④ 미국에서 한국 악기 공연을 할 겁니다.

※ [27~28] 다음을 듣고 물음에 답하십시오.

27. 두 사람이 무엇에 대해 이야기를 하고 있는지 고르십시오. (3점)

　① 시험공부

　② 축제 날짜

　③ 유명한 연예인

　④ 지난 축제 일정

28. 들은 내용과 같은 것을 고르십시오. (4점)

　① 이번 축제는 금요일에 합니다.

　② 이번 축제는 시험이 끝나기 전에 합니다.

　③ 지난 축제는 주말에 해서 가수들이 못 왔습니다.

　④ 지난 축제에 학생들이 많이 참여하지 못했습니다.

[29~30] 다음을 듣고 물음에 답하십시오.

29. 여자가 미안해 한 이유를 고르십시오. (3점)

　　① 남자의 집에 친구와 가서

　　② 남자의 부탁을 빨리 거절해서

　　③ 남자와 약속을 지키지 못해서

　　④ 남자에게 돈을 빌려 달라고 해서

30. 들은 내용과 같은 것을 고르십시오. (4점)

　　① 여자는 어제 남자와 싸웠습니다.

　　② 남자는 여자의 부탁을 거절했습니다.

　　③ 남자는 밖에서 친구를 기다리고 있습니다.

　　④ 여자는 남자와의 약속을 지키지 못했습니다.

TOPIK I 읽기 (31번~70번)

第5回

※ [31~33] 무엇에 대한 내용입니까? 〈보기〉와 같이 알맞은 것을 고르십시오. (각 2점)

─────〈보 기〉─────

사과가 있습니다. 그리고 배도 있습니다.

① 요일　　　　② 공부　　　　❸ 과일　　　　④ 생일

31. 토요일에 산에 갑니다. 일요일에 친구들과 만납니다.

① 휴가　　　　② 친구　　　　③ 주말　　　　④ 연세

32. 저는 언니가 있습니다. 동생도 있습니다.

① 가족　　　　② 회의　　　　③ 유학　　　　④ 음식

33. 한국의 여름은 덥습니다. 겨울은 춥습니다.

① 시장　　　　② 달력　　　　③ 거리　　　　④ 계절

※ [34~39] 〈보기〉와 같이 (　　　)에 들어갈 말로 가장 알맞은 것을 고르십시오.

─────〈보 기〉─────

날씨가 좋습니다. (　　　)이 맑습니다.

① 눈　　　　② 밤　　　　❸ 하늘　　　　④ 구름

34. (2점)

서울에서 부산까지 기차를 타고 갑니다. 기차(   ) 4시간이 걸립니다.

① 의   ② 도   ③ 로   ④ 나

35. (2점)

제 생일입니다. 그래서 친구들에게서 선물을 (   ).

① 삽니다   ② 엽니다   ③ 받습니다   ④ 보냅니다

36. (2점)

저는 (   )을 좋아합니다. 그중에 강아지를 제일 좋아합니다.

① 과일   ② 동물   ③ 음악   ④ 운동

37. (3점)

요즘 일이 없습니다. 그래서 (   ).

① 바쁩니다   ② 아픕니다   ③ 심심합니다   ④ 어렵습니다

38. (3점)

지금은 바쁩니다. (   ) 전화를 하겠습니다.

① 아까   ② 조금   ③ 나중에   ④ 천천히

39. (2점)

너무 덥습니다. 옷을 (   ) 싶습니다.

① 벗고   ② 차고   ③ 쓰고   ④ 끼고

※ [40~42] 다음을 읽고 맞지 <u>않는</u> 것을 고르십시오. (각 3점)

40.

초대권

서울시 K-POP 춤 대회

- **일시:** 2024년 4월 21일 오후 1시
- **장소:** 서울 시청 앞 광장
- **인원:** 2명

① 오후 한 시에 시작합니다.

② 친구 두 명하고 같이 갑니다.

③ 서울 시청 앞에서 춤을 봅니다.

④ 대회가 사월 이십 일 일에 있습니다.

41.

김 선생님,
마리아 씨가 선생님께 전화했지만
안 받아서 저에게 전화했어요.
마리아 씨는 내일 한국에 없을 거예
요. 그래서 30분 후에 김 선생님께
다시 전화할 거예요.

– 이연주 –

① 이연주 씨가 전화를 했습니다.

② 마리아 씨가 내일 한국에 없습니다.

③ 마리아 씨가 전화를 다시 할 겁니다.

④ 마리아 씨가 이연주 씨에게 전화를 했습니다.

42.

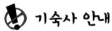 기숙사 안내

- 조용히 통화하세요.
- 담배를 피우지 마세요.
- 음식은 휴게실에서 드세요.
- 밤 12시 이후에 텔레비전을 끄세요.

① 방에서 담배를 피웁니다.
② 친구와 전화할 수 있습니다.
③ 휴게실에서 음식을 먹습니다.
④ 밤 12시까지 텔레비전을 봅니다.

※ [43~45] 다음을 읽고 내용이 같은 것을 고르십시오.

43. (3점)

제 방에는 아주 큰 책상이 있습니다. 저는 매일 책상을 청소합니다. 책상이 크고 깨끗해서 공부할 때 정말 좋습니다.

① 매일 책상에서 공부합니다.
② 제 책상은 작아서 좋습니다.
③ 책상을 청소해서 깨끗합니다.
④ 학교의 책상은 아주 크고 많습니다.

44. (2점)

> 　요즘 날씨가 매우 덥습니다. 학교 교실에는 에어컨이 있어서 공부할 때 시원합니다. 집에는 지금 에어컨이 없어서 빨리 샀으면 좋겠습니다.

① 교실은 아주 시원합니다.

② 저는 추운 날씨가 좋습니다.

③ 집에 있는 에어컨이 아주 쌉니다.

④ 집에서 공부할 때마다 에어컨을 켭니다.

45. (3점)

> 　이번 일요일에 우리 가족은 파티를 합니다. 제 동생이 취직을 해서 축하 파티를 합니다. 저는 맛있는 음식을 만들어서 동생에게 줄 겁니다.

① 동생은 요리를 잘합니다.

② 축하 파티가 재미있었습니다.

③ 제가 취직을 해서 파티를 합니다.

④ 이번 주말에 축하 파티가 있습니다.

※ [46~48] 다음을 읽고 중심 내용을 고르십시오.

46. (3점)

> 　저는 보통 밤에 일합니다. 일을 할 때 배가 고파서 자주 음식을 사 먹습니다. 오늘도 편의점에서 음식을 사 왔습니다.

① 저는 보통 밤까지 일을 합니다.

② 저는 편의점에서 일하려고 합니다.

③ 저는 밤에 일하면서 음식을 먹습니다.

④ 저는 음식을 자주 만들어서 먹습니다.

47. (3점)

> 저는 남을 도와주는 일을 하는 좋은 사람이 되고 싶습니다. 그래서 의사가 되려고 합니다. 의사가 되어 아픈 사람들을 돕고 싶습니다.

① 저는 친절한 사람이 좋습니다.
② 저는 아픈 사람들을 많이 봅니다.
③ 저는 좋은 의사가 되고 싶습니다.
④ 저는 다른 사람을 돕는 것이 쉽습니다.

48. (2점)

> 저는 운전하는 것을 좋아합니다. 새로운 자동차를 구경하는 것도 좋아합니다. 자동차 책도 많이 봅니다.

① 저는 책을 자주 읽습니다.
② 저는 자동차를 많이 좋아합니다.
③ 저는 운전하는 것이 어렵습니다.
④ 저는 새 자동차를 사고 싶습니다.

※ [49~50] 다음을 읽고 물음에 답하십시오. (각 2점)

> 저는 집에서 요리하는 것을 싫어합니다. 하지만 사 먹는 음식이 너무 비싸서 이제는 집에서 요리를 하려고 합니다. 가장 (㉠) 음식부터 만들고 싶습니다. 친구는 저에게 볶음밥을 추천했습니다. 그래서 오늘 야채를 사러 시장에 갈 겁니다.

49. ㉠에 들어갈 말로 가장 알맞은 것을 고르십시오.
① 밝은   ② 작은
③ 도운   ④ 쉬운

50. 윗글의 내용과 같은 것을 고르십시오.

　① 저는 사 먹는 음식을 좋아합니다.

　② 저는 친구에게 비빔밥을 줄 겁니다.

　③ 저는 음식을 만들어서 먹을 겁니다.

　④ 저는 집에서 요리를 자주 했습니다.

※　[51~52] 다음을 읽고 물음에 답하십시오.

　　한국에는 '집들이'라는 문화가 있습니다. 새로 이사를 가면 친구들을 초대해서 같이 밥을 먹고 친구들에게 집을 보여 주는 것입니다. 초대받은 사람들은 선물을 사 가는데 보통 세제나 휴지를 선물합니다. 이 선물에는 의미가 있습니다. 세제는 거품이 많이 나니까 돈을 많이 (　　㉠　　) 의미이며, 휴지를 받으면 모든 일이 쉽게 잘 풀리기를 바란다는 뜻입니다.

51. ㉠에 들어갈 말로 가장 알맞은 것을 고르십시오. (3점)

　① 쓸 수 있다고　　　　　　　　　② 벌 수 있다는

　③ 주울 수 있다고　　　　　　　　④ 빌릴 수 있다고

52. 무엇에 대한 내용인지 맞는 것을 고르십시오. (2점)

　① 집들이에 필요한 것

　② 집들이 때 선물하는 것

　③ 집들이에서 할 수 있는 것

　④ 집들이에서 볼 수 있는 것

> 저는 가끔 아침에 못 일어나서 학교에 늦을 때가 있습니다. 그래서 선생님과 약속을 했습니다. 또 (㉠) 수업이 끝나고 화장실을 청소하기로 했습니다. 저는 일주일 동안 4번 늦었습니다. 하지만 내일은 꼭 늦지 않겠습니다.

53. ㉠에 들어갈 말로 가장 알맞은 것을 고르십시오. (2점)

① 지각하면   ② 지각하고

③ 지각하니까   ④ 지각하지만

54. 윗글의 내용과 같은 것을 고르십시오. (3점)

① 학교에 도착하면 청소를 합니다.

② 저는 내일 학교에 일찍 올 겁니다.

③ 저는 오늘까지 다섯 번 늦었습니다.

④ 학교 수업이 끝나고 화장실에 갑니다.

> 거짓말을 하는 것은 나쁜 일입니다. (㉠) 가끔은 거짓말을 할 때가 있습니다. 부모님이나 친구 등 다른 사람을 걱정시키고 싶지 않을 때 거짓말을 합니다. 또는 다른 사람의 마음을 상하게 하지 않으려고 거짓말을 합니다. 거짓말은 안 하는 것이 제일 좋지만 필요한 거짓말도 있습니다.

55. ㉠에 들어갈 말로 가장 알맞은 것을 고르십시오. (2점)

① 그리고   ② 그러면   ③ 그래서   ④ 그러나

56. 윗글의 내용과 같은 것을 고르십시오. (3점)

    ① 좋은 거짓말도 있습니다.

    ② 거짓말을 하면 마음이 상합니다.

    ③ 거짓말은 전혀 필요하지 않습니다.

    ④ 거짓말을 하면 다른 사람이 걱정합니다.

※ [57~58] 다음을 순서에 맞게 배열한 것을 고르십시오.

57. (3점)

> (가) 제가 가고 싶은 식당이 한 곳 있습니다.
>
> (나) 저는 일주일 전에 예약을 미리 해서 괜찮습니다.
>
> (다) 그 식당은 사람이 많아서 예약을 꼭 해야 합니다.
>
> (라) 그런데 예약 손님이 많아서 예약을 못 할 수도 있습니다.

① (가) - (나) - (다) - (라)   ② (가) - (나) - (라) - (다)

③ (가) - (다) - (나) - (라)   ④ (가) - (다) - (라) - (나)

58. (2점)

> (가) 저는 한국대학교에 입학하고 싶습니다.
>
> (나) 제가 가고 싶은 대학교는 등록금도 쌉니다.
>
> (다) 그래서 아르바이트를 하면서 받은 돈으로 다닐 수 있습니다.
>
> (라) 하지만 먼저 공부를 열심히 해서 입학시험에 꼭 합격하겠습니다.

① (가) - (나) - (다) - (라)   ② (가) - (나) - (라) - (다)

③ (가) - (라) - (나) - (다)   ④ (가) - (라) - (다) - (나)

※ [59~60] 다음을 읽고 물음에 답하십시오.

> 며칠 전에 친구하고 명동에 갔습니다. 명동에서 쇼핑도 하고 점심도 먹었습니다. (㉠) 명동에는 사람이 많았는데 길을 걷다가 정말 잘생긴 남자를 봤습니다. (㉡) 너무 잘생겨서 친구에게 "저 남자 좀 보세요! 정말 맛있어요!"라고 말했습니다. (㉢) 저는 너무 부끄러웠습니다. 다음부터는 이런 실수를 하지 않을 겁니다. (㉣)

59. 다음 문장이 들어갈 곳으로 가장 알맞은 것을 고르십시오. (2점)

> 친구가 웃으면서 저에게 "저 남자는 음식이 아니에요."라고 했습니다.

① ㉠　　　　　② ㉡　　　　　③ ㉢　　　　　④ ㉣

60. 윗글의 내용과 같은 것을 고르십시오. (3점)

　① 저는 명동에 자주 갑니다.

　② 친구는 실수를 많이 합니다.

　③ 친구는 잘생긴 남자를 좋아합니다.

　④ 저는 멋진 남자를 보고 말실수를 했습니다.

※ [61~62] 다음을 읽고 물음에 답하십시오. (각 2점)

> 저는 지난 일요일에 선배님의 결혼식에 다녀왔습니다. 한국의 결혼식은 우리 나라의 결혼식과 많이 달랐습니다. 제가 사는 나라에서는 하루 종일 결혼식 파티를 합니다. 그런데 지난주에 간 결혼식은 아주 빨리 (㉠) 1시간쯤 걸렸습니다. 사람들은 밥을 먹은 후에 바로 헤어졌습니다. 그래서 저도 집에 일찍 돌아왔습니다.

61. ㉠에 들어갈 말로 가장 알맞은 것을 고르십시오.

　① 끝났는데　　　　　　　② 끝난 후에

　③ 끝날 때마다　　　　　　④ 끝나고 나서

62. 윗글의 내용과 같은 것을 고르십시오.

① 한국의 결혼식은 하루 종일 걸립니다.

② 선배님의 결혼식 파티에 가고 싶습니다.

③ 저는 지난 일요일에 선배님과 결혼했습니다.

④ 사람들이 밥을 먹은 후에 모두 돌아갔습니다.

※ [63~64] 다음을 읽고 물음에 답하십시오.

받는 사람: kmj@maver.com, you123@maver.com...

보낸 사람: park@maver.com

제목: 설악산 등산 여행

직원 여러분, 안녕하십니까?

지난달 여러분이 열심히 일해 주셔서 회사에서 선물을 준비했습니다. 바로 '설악산 등산 여행'입니다. 설악산 호텔에서 무료로 숙박을 할 수 있는 티켓을 1인 1매 드립니다. 티켓 1장으로 4명까지 사용할 수 있습니다. 설악산까지 가는 버스도 무료입니다. 버스는 이번 주 토요일 아침 6시에 회사 정문 앞에서 출발합니다. 많은 참여 바랍니다.

행복회사 사무실

63. 왜 윗글을 썼는지 맞는 것을 고르십시오. (2점)

① 설악산 등산 여행에 초대하려고 ② 설악산 가는 버스를 소개하려고

③ 설악산 호텔 숙박을 계획하려고 ④ 설악산 버스 티켓을 판매하려고

64. 윗글의 내용과 같은 것을 고르십시오. (3점)

① 버스는 네 명까지 신청할 수 있습니다.

② 설악산 호텔의 숙박비를 할인해 줍니다.

③ 설악산 등산 여행은 숙박비, 식비가 무료입니다.

④ 토요일에 회사 정문에서 버스를 탈 수 있습니다.

※ [65~66] 다음을 읽고 물음에 답하십시오.

저는 한국인 영화배우를 좋아해서 한국어를 배우고 있습니다. 그 영화배우 때문에 한국에 관심이 많아졌습니다. 그런데 다음 달 1일부터 3일까지 그 영화배우와 함께하는 자전거 여행이 특별 여행 상품으로 나왔습니다. 어려운 이웃을 돕는 행사라서 누구든지 (㉠). 그래서 저도 신청서를 내려고 합니다.

65. ㉠에 들어갈 말로 가장 알맞은 것을 고르십시오. (2점)
　① 참여해 봅니다　　　　　　　　② 참여하게 됩니다
　③ 참여할까 했습니다　　　　　　④ 참여할 수 있습니다

66. 윗글의 내용과 같은 것을 고르십시오. (3점)
　① 특별한 여행 상품이라서 가격이 비쌉니다.
　② 이미 여행 신청서를 내고 기다리고 있습니다.
　③ 영화배우와 함께하는 여행은 삼 일 동안 합니다.
　④ 한국어를 공부하니까 한국에 관심이 많아졌습니다.

※ [67~68] 다음을 읽고 물음에 답하십시오. (각 3점)

토마토는 우리의 몸을 건강하게 해 줍니다. 특히 눈에 좋아서 토마토를 많이 먹으면 (㉠) 막을 수 있습니다. 먹는 방법은 씻어서 그냥 먹는 것과 요리를 해서 먹는 것이 있습니다. 그런데 토마토는 익혀 먹는 것이 그냥 먹을 때보다 몸에 더 좋습니다. 그래서 고기와 함께 구워 먹거나 볶음 요리를 만들어 먹습니다. 특히 토마토와 계란을 같이 볶으면 맛있고 반찬으로 먹기 좋습니다.

67. ㉠에 들어갈 말로 가장 알맞은 것을 고르십시오.
　① 물에 익힌 것을　　　　　　　　② 몸에 좋은 것을
　③ 자주 만드는 것을　　　　　　　④ 눈이 나빠지는 것을

68. 윗글의 내용과 같은 것을 고르십시오.

① 토마토를 불에 익힌 후 차갑게 만듭니다.

② 토마토 요리는 익혀 먹는 것이 더 좋습니다.

③ 토마토 껍질을 버리면 좋은 것이 없어집니다.

④ 토마토 씻어서 그냥 먹는 것이 가장 좋습니다.

※ [69~70] 다음을 읽고 물음에 답하십시오. (각 3점)

> 식혜는 한국의 전통 음료수입니다. 쌀로 만드는데 달고 맛있어서 많은 사람들이 좋아합니다. 식혜는 시원하게 마시는 것이 좋습니다. 식혜는 소화에도 좋기 때문에 식사를 한 후에 많이 마십니다. 만드는 방법이 쉽고 간단하지만 만드는 시간이 오래 걸립니다. 저는 이번에 식혜를 직접 만들어서 (㉠). 정말 맛있을 것입니다.

69. ㉠에 들어갈 말로 가장 알맞은 것을 고르십시오.

① 먹어 봤습니다   ② 먹을 수 없습니다

③ 먹어 보려고 합니다   ④ 먹어 보려고 했습니다

70. 윗글의 내용으로 알 수 있는 것을 고르십시오.

① 식혜는 빨리 만들 수 있습니다.

② 식혜는 차갑게 마시면 더 좋습니다.

③ 식혜를 마시면 소화가 잘 안됩니다.

④ 식혜는 맛이 써서 사람들이 싫어합니다.

제6회 실전 모의고사

実戦模擬試験 6

TOPIK I

듣기, 읽기

수험번호 (Registration No.)	
이 름 (Name)	한국어 (Korean)	
	영 어 (English)	

유 의 사 항
Information
注意事項

1. 시험 시작 지시가 있을 때까지 문제를 풀지 마십시오.

   Do not open the booklet until you are allowed to start.
   試験開始の指示があるまで問題を解かないでください。

2. 수험번호와 이름을 정확하게 적어 주십시오.

   Write your name and registration number on the answer sheet.
   受験番号と氏名を正確に書いてください。

3. 답안지를 구기거나 훼손하지 마십시오.

   Do not fold the answer sheet; keep it clean.
   答案用紙を折り曲げたり汚したりしないでください。

4. 답안지의 이름, 수험번호 및 정답의 기입은 배부된 펜을 사용하여 주십시오.

   Use the given pen only.
   答案用紙の氏名、受験番号および解答の記入は配布されたペンを使用してください。

5. 정답은 답안지에 정확하게 표시하여 주십시오.

   Mark your answer accurately and clearly on the answer sheet.
   解答は答案用紙に正確に記載してください。

   marking example

6. 문제를 읽을 때에는 소리가 나지 않도록 하십시오.

   Keep quiet while answering the questions.
   問題を読むときは音を立てないようにしてください。

7. 질문이 있을 때에는 손을 들고 감독관이 올 때까지 기다려 주십시오.

   When you have any questions, please raise your hand.
   質問があるときは手を挙げて、監督官が来るまでお待ちください。

※ [1~4] 다음을 듣고 〈보기〉와 같이 물음에 맞는 대답을 고르십시오.

〈보 기〉

가: 공부를 해요?

나: _____

❶ 네, 공부를 해요.　　　　　　② 아니요, 공부예요.

③ 네, 공부가 아니에요.　　　　　④ 아니요, 공부를 좋아해요.

---

1. (4점)

① 네, 아버지 사진이 있어요.　　　② 네, 아버지 사진이 많아요.

③ 아니요, 아버지 사진이 좋아요.　　④ 아니요, 아버지 사진이 아니에요.

2. (4점)

① 네, 햄버거예요.　　　　　　　② 네, 햄버거를 먹어요.

③ 아니요, 햄버거가 맛있어요.　　④ 아니요, 햄버거를 좋아해요.

3. (3점)

① 주말에 영화를 봤어요.　　　　② 친구하고 영화를 봤어요.

③ 휴대폰으로 영화를 봤어요.　　④ 서울역에서 영화를 봤어요.

4. (3점)

① 친구와 있었어요.　　　　　　② 책을 보고 있었어요.

③ 한 달 동안 있었어요.　　　　④ 작년에 고향에 있었어요.

第6回

[5~6] 다음을 듣고 〈보기〉와 같이 이어지는 말을 고르십시오.

〈 보　기 〉

가: 늦어서 미안해요.

나: _____

① 고마워요.　　　　　　　　❷ 괜찮아요.

③ 여기 앉으세요.　　　　　　④ 안녕히 계세요.

5.　(4점)

　　① 괜찮아요.　　　　　　　　② 미안해요.

　　③ 부탁해요.　　　　　　　　④ 고마워요.

6.　(3점)

　　① 네, 알겠습니다.　　　　　　② 네, 부탁합니다.

　　③ 네, 오랜만입니다.　　　　　④ 네, 그렇습니다.

※　[7~10] 여기는 어디입니까? 〈보기〉와 같이 알맞은 것을 고르십시오.

〈 보　기 〉

가: 어서 오세요.

나: 여기 수박 있어요?

① 학교　　　② 약국　　　❸ 시장　　　④ 병원

7.　(3점)

　　① 학교　　　② 식당　　　③ 회사　　　④ 공원

8.　(3점)

　　① 가게　　　② 극장　　　③ 교실　　　④ 은행

9. (3점)
  ① 공항   ② 학교   ③ 옷 가게   ④ 주유소

10. (4점)
  ① 서점   ② 교실   ③ 백화점   ④ 도서관

※ [11~14] 다음은 무엇에 대해 말하고 있습니까? 〈보기〉와 같이 알맞은 것을 고르십시오.

---〈보 기〉---

가: 누구예요?

나: 이 사람은 형이고, 이 사람은 동생이에요.

❶ 가족   ② 이름   ③ 선생님   ④ 부모님

---

11. (3점)
  ① 운동   ② 여행   ③ 요일   ④ 기분

12. (3점)
  ① 가구   ② 선물   ③ 소포   ④ 날짜

13. (4점)
  ① 친구   ② 건강   ③ 계획   ④ 계절

14. (3점)
  ① 여행   ② 사진   ③ 그림   ④ 운동

15. ①  ②

③  ④

16. ①  ②

③  ④

※　[17~21] 다음을 듣고 〈보기〉와 같이 대화 내용과 같은 것을 고르십시오. (각 3점)

───〈보　기〉───

남자: 요즘 한국어를 공부해요?

여자: 네. 한국 친구한테서 한국어를 배워요.

① 남자는 학생입니다.　　　　　② 여자는 학교에 다닙니다.

③ 남자는 한국어를 가르칩니다.　❹ 여자는 한국어를 공부합니다.

17.　① 남자는 서울역에 갈 겁니다.

　　② 여자는 요즘 시간이 없습니다.

　　③ 남자는 어제 기차표를 샀습니다.

　　④ 여자는 남자 대신 표를 예매할 겁니다.

18.　① 여자는 열이 많이 납니다.

　　② 남자는 기침을 하지 않습니다.

　　③ 남자는 운동을 열심히 했습니다.

　　④ 여자는 찬 음식을 남자에게 줬습니다.

19.　① 남자는 그림책을 샀습니다.

　　② 여자는 그림을 팔고 있습니다.

　　③ 남자는 사진기를 가지고 있습니다.

　　④ 여자는 건물 밖에서 남자를 만났습니다.

20.　① 여자는 주말에 등산할 겁니다.

　　② 여자는 공원에 가고 싶습니다.

　　③ 남자는 여자에게 밥을 사 줄 겁니다.

　　④ 남자는 등산한 후에 점심을 먹을 겁니다.

21. ① 여자는 오늘 수영장에 갈 겁니다.

② 남자는 여자와 수영장에 갔다 왔습니다.

③ 여자는 학교에서 수영을 배우고 있습니다.

④ 남자는 여자에게 수영장을 추천해 줬습니다.

※ [22~24] 다음을 듣고 여자의 중심 생각을 고르십시오. (각 3점)

22. ① 초보 운전자들이 문제입니다.

② 운전할 때는 신호를 잘 봐야 합니다.

③ 친구 차를 타지 않는 것이 좋습니다.

④ 운전 경력이 많아도 항상 조심해서 운전해야 합니다.

23. ① 돈이 있으면 결혼할 수 있습니다.

② 결혼하기 전에 돈을 벌어야 합니다.

③ 대학교를 졸업한 후에 결혼하고 싶습니다.

④ 늦게 결혼하는 사람들이 많아지는 것 같습니다.

24. ① 직원들이 불친절하면 안 됩니다.

② 음식점은 음식 맛만 좋으면 됩니다.

③ 직원이 친절해야 밥이 더 맛있는 것 같습니다.

④ 점심시간에는 직원이 친절하지 않은 것 같습니다.

※ [25~26] 다음을 듣고 물음에 답하십시오.

25. 여자가 왜 이 이야기를 하고 있는지 고르십시오. (3점)
    ① 한국의 특별한 날을 알려 주려고
    ② 어떤 선물을 하면 좋은지 물어보려고
    ③ 특별한 날 선물의 의미를 설명하려고
    ④ 한국에서 인기 있는 선물 종류를 소개하려고

26. 들은 내용과 같은 것을 고르십시오. (4점)
    ① 모든 선물에는 뜻이 있습니다.
    ② 시험을 잘 보라고 떡을 선물합니다.
    ③ 세제는 돈이 많아지라는 뜻으로 선물합니다.
    ④ 친구가 이사했을 때 주로 거울을 선물합니다.

※ [27~28] 다음을 듣고 물음에 답하십시오.

27. 두 사람이 무엇에 대해 이야기를 하고 있는지 고르십시오. (3점)
    ① 물건의 가격
    ② 환불 받는 방법
    ③ 인터넷 쇼핑의 문제점
    ④ 인터넷 물건의 좋은 점

28. 들은 내용과 같은 것을 고르십시오. (4점)
    ① 여자는 인터넷으로 신발을 샀습니다.
    ② 남자는 가게에 가서 신발을 환불할 겁니다.
    ③ 여자는 주로 직접 신발을 신어 보고 삽니다.
    ④ 남자는 산 신발의 색깔이 마음에 들지 않습니다.

※　[29~30] 다음을 듣고 물음에 답하십시오.

29.　여자가 남자의 집에 방문한 이유를 고르십시오. (3점)

① 강아지를 키우려고

② 미안하다고 이야기하려고

③ 강아지를 키우는지 물어보려고

④ 옆집이 시끄러운지 확인하려고

30.　들은 내용과 같은 것을 고르십시오. (4점)

① 남자는 강아지를 키우고 있습니다.

② 여자는 옆집 사람을 만나러 갔습니다.

③ 남자의 옆집 때문에 밤에 시끄럽습니다.

④ 여자의 아이들은 강아지를 키우고 싶습니다.

TOPIK I 읽기 (31번~70번)

※ [31~33] 무엇에 대한 내용입니까? 〈보기〉와 같이 알맞은 것을 고르십시오. (각 2점)

---〈보 기〉---

사과가 있습니다. 그리고 배도 있습니다.

① 요일　　　　② 공부　　　　❸ 과일　　　　④ 생일

---

31. 비빔밥을 좋아합니다. 자주 먹습니다.

① 카드　　　　② 음식　　　　③ 취미　　　　④ 호텔

32. 저는 중국에서 왔습니다. 중국 사람입니다.

① 병원　　　　② 계절　　　　③ 편지　　　　④ 국적

33. 오늘은 월요일입니다. 내일은 화요일입니다.

① 요일　　　　② 예약　　　　③ 양복　　　　④ 요리

※ [34~39] 〈보기〉와 같이 (　　　　)에 들어갈 말로 가장 알맞은 것을 고르십시오.

---〈보 기〉---

날씨가 좋습니다. (　　　)이 맑습니다.

① 눈　　　　② 밤　　　　❸ 하늘　　　　④ 구름

34. (2점)

저는 동생이 있습니다. 동생이 저(　　　　　) 공부를 잘합니다.

① 와　　　　　② 는　　　　　③ 보다　　　　　④ 하고

35. (2점)

경치가 아름답습니다. 친구와 같이 사진을 (　　　　　).

① 만듭니다　　　② 찍습니다　　　③ 그립니다　　　④ 받습니다

36. (2점)

여름입니다. (　　　　　)에서 수영합니다.

① 여행　　　　　② 방학　　　　　③ 바다　　　　　④ 공항

37. (3점)

공부를 많이 했습니다. 시험 문제가 (　　　　　).

① 많습니다　　　② 좋습니다　　　③ 쉽습니다　　　④ 다릅니다

38. (3점)

내일 시험이 있습니다. 그래서 학교에 (　　　　　) 갈 겁니다.

① 일찍　　　　　② 오래　　　　　③ 자주　　　　　④ 아까

39. (2점)

형은 회사원입니다. 회사에서 (　　　　　) 있습니다.

① 일하고　　　　② 말하고　　　　③ 노래하고　　　　④ 요리하고

※ [40~42] 다음을 읽고 맞지 <u>않는</u> 것을 고르십시오. (각 3점)

40.

외국인 노래 대회 참가 신청

K-POP 가수를 찾습니다! 누가 한국 노래를 잘해요?
9월 16일 10시부터 9월 17일 5시까지
3층 사무실에서 신청하세요.

① 사무실은 삼 층에 있습니다.
② 다섯 시에 대회가 끝납니다.
③ 외국인이 한국 노래를 부릅니다.
④ 구월 십육 일부터 신청할 수 있습니다.

41.

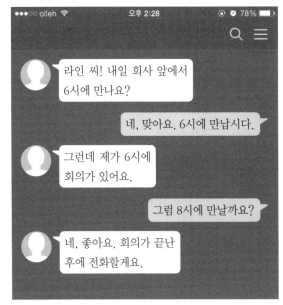

① 오늘 회의가 있습니다.　　　② 약속 시간이 바뀌었습니다.
③ 내일 회사 앞에서 만납니다.　④ 여덟 시에 약속이 있습니다.

42.

"휴대폰을 찾습니다."

2층 화장실에서 휴대폰을 잃어버렸습니다.

찾아 주세요. 10만 원을 드리겠습니다.

연락처: abc@dru.ac.kr

① 휴대폰이 십만 원입니다.

② 이 사람은 휴대폰을 찾고 싶습니다.

③ 휴대폰을 이 층에서 잃어버렸습니다.

④ 휴대폰을 찾으면 이메일로 연락합니다.

※ [43~45] 다음을 읽고 내용이 같은 것을 고르십시오.

43. (3점)

> 저는 혼자 영화 보는 것을 좋아합니다. 하지만 무서운 영화는 혼자 볼 수 없습니다. 그래서 꼭 친구하고 같이 봅니다.

① 공포 영화는 재미있습니다.

② 저는 혼자 영화를 볼 수 있습니다.

③ 혼자 극장에 가는 것은 어렵습니다.

④ 친구하고 만나서 영화를 자주 봅니다.

44. (2점)

> 　저는 공으로 하는 운동을 좋아합니다. 그래서 친구들하고 축구를 합니다. 요즘에는 토요일 아침에 자주 모입니다.

① 저는 축구공이 많이 있습니다.
② 토요일마다 축구 경기를 봅니다.
③ 저는 토요일 아침에 운동을 합니다.
④ 저와 운동하는 친구들이 축구를 잘합니다.

45. (3점)

> 　친구는 꽃을 좋아해서 꽃 시장에 많이 갑니다. 오늘은 저도 함께 갔습니다. 저는 꽃이 예뻤지만 사지 않았습니다.

① 저는 꽃을 아주 좋아합니다.
② 꽃 시장에서 꽃을 구경했습니다.
③ 친구가 꽃을 사고 싶어 했습니다.
④ 꽃 시장에서 꽃을 많이 샀습니다.

※ [46~48] 다음을 읽고 중심 내용을 고르십시오.

46. (3점)

> 　저는 한국에 와서 한국 요리를 많이 먹었습니다. 그중에서 떡볶이를 제일 좋아합니다. 맵지만 맛있어서 좋습니다. 오늘은 친구가 저에게 떡볶이 만드는 방법을 가르쳐 주기로 했습니다.

① 떡볶이는 매운 음식입니다.
② 저는 한국 요리를 좋아합니다.
③ 저는 떡볶이를 만들 수 있습니다.
④ 떡볶이 만드는 방법을 배울 겁니다.

47. (3점)

> 저는 한국의 대학교를 졸업하고 지금은 고향에서 한국어를 가르칩니다. 이번 겨울에 학생들과 같이 한국에 가기로 했습니다. 한국의 이곳저곳에 가고 한국 음식을 먹으려고 합니다.

① 저는 학생들과 한국에 갔습니다.
② 저는 한국의 대학교에서 공부합니다.
③ 학생들과 한국에서 여행을 할 겁니다.
④ 한국어를 가르치는 일은 재미있습니다.

48. (2점)

> 서울에는 지하철역이 많습니다. 도로에 차가 많을 때 지하철을 타면 빠르게 갈 수 있습니다. 그래서 지하철을 자주 탑니다.

① 지하철은 빨라서 좋습니다.
② 지하철이 집 근처에 있습니다.
③ 지하철을 많이 타면 좋습니다.
④ 지하철역까지 차를 타고 갑니다.

※ [49~50] 다음을 읽고 물음에 답하십시오. (각 2점)

> 저는 작년에 한국에 처음 왔습니다. 처음에는 길도 모르고 한국어도 몰랐습니다. 그래서 집 밖에 잘 안 나갔습니다. 지금은 한국어를 잘합니다. 그래서 (㉠   ) 장소도 택시를 타고 잘 나갑니다.

49. ㉠에 들어갈 말로 가장 알맞은 것을 고르십시오.
　① 배우는　　　　② 잘하는　　　　③ 모르는　　　　④ 나가는

50. 윗글의 내용과 같은 것을 고르십시오.

① 저는 요즘 밖을 잘 다닙니다.

② 저는 택시 타는 것이 어렵습니다.

③ 저는 지금 한국어를 잘 모릅니다.

④ 저는 작년에 처음 택시를 탔습니다.

※ [51~52] 다음을 읽고 물음에 답하십시오.

> 등산은 건강에 좋습니다. 산은 언제, 어느 계절에 가도 아름답습니다. 봄에는 봄꽃이 눈을 즐겁게 합니다. 여름 숲속에 (㉠) 시원한 바람이 불어 기분을 상쾌하게 합니다. 가을은 단풍이 아름답습니다. 겨울에는 눈이 내려서 등산을 하는 것이 조금 위험합니다. 하지만 멋진 겨울 산을 볼 수 있습니다. 산을 오르는 것은 힘들지만 여러 계절의 모습을 느낄 수 있습니다.

51. ㉠에 들어갈 말로 가장 알맞은 것을 고르십시오. (3점)

① 돌아가면　　　　　　　　　② 갔다 오면

③ 들어가면　　　　　　　　　④ 올라가면

52. 무엇에 대한 내용인지 맞는 것을 고르십시오. (2점)

① 등산의 장점　　　　　　　　② 사계절 산의 모습

③ 등산할 때의 기분　　　　　　④ 산에서 주의할 점

※ [53~54] 다음을 읽고 물음에 답하십시오.

> 저는 한국에서 (㉠) 아르바이트도 하려고 합니다. 방학 때 아르바이트를 해서 받은 돈을 모아서 대학원에 입학할 때 사용하고 싶습니다. 그래서 오늘은 통장을 만들러 은행에 갈 겁니다. 통장을 만들면 고향에 있는 부모님께 돈을 보낼 수도 있어서 좋습니다.

53. ㉠에 들어갈 말로 가장 알맞은 것을 고르십시오. (2점)

① 공부하려면   ② 공부하려고

③ 공부하면서   ④ 공부하니까

54. 윗글의 내용과 같은 것을 고르십시오. (3점)

① 고향에서 부모님을 만날 겁니다.

② 은행에서 아르바이트를 하고 있습니다.

③ 아르바이트를 해서 돈을 많이 받았습니다.

④ 통장을 만들어서 부모님께도 돈을 드리겠습니다.

※ [55~56] 다음을 읽고 물음에 답하십시오.

> 저는 한국 문화를 좋아해서 한국어를 공부하고 있습니다. 특히 한국의 전통 옷인 한복을 정말 좋아합니다. 많은 외국인들도 색과 모양이 예뻐서 한복을 좋아합니다. 저는 그런 한복을 예전부터 입어 보고 싶었습니다. 이 이야기를 한국 친구에게 하니까 한복을 빌려주겠다고 했습니다. (㉠) 이번에 한복을 입을 수 있습니다. 친구의 한복을 입고 사진을 찍으려고 합니다.

55. ㉠에 들어갈 말로 가장 알맞은 것을 고르십시오. (2점)

① 그런데   ② 그러나   ③ 그래서   ④ 그러면

56. 윗글의 내용과 같은 것을 고르십시오. (3점)

① 저는 한복을 샀습니다.

② 제 친구는 한복을 가지고 있습니다.

③ 저는 한복을 입어 본 적이 있습니다.

④ 한복을 좋아하는 외국인이 적습니다.

※ [57~58] 다음을 순서에 맞게 배열한 것을 고르십시오.

57. (3점)

> (가) 그래서 저는 꼭 모자를 쓰고 밖에 나갑니다.
>
> (나) 모자를 열심히 찾았지만 없어서 새로 살 것입니다.
>
> (다) 한국의 여름은 아주 덥고 햇볕이 너무 뜨겁습니다.
>
> (라) 그런데 어제 제가 좋아하는 모자를 잃어버렸습니다.

① (다) - (나) - (가) - (라)　　　② (다) - (나) - (라) - (가)

③ (다) - (가) - (나) - (라)　　　④ (다) - (가) - (라) - (나)

58. (2점)

> (가) 저도 지금 휴대폰을 3년 동안 썼습니다.
>
> (나) 요즘 휴대폰은 비싸지만 오래 쓸 수 있습니다.
>
> (다) 바꾼 휴대폰은 더 비싸서 매달 많은 돈을 냅니다.
>
> (라) 그런데 제가 아는 사람들은 휴대폰을 자주 바꿉니다.

① (나) - (가) - (다) - (라)　　　② (나) - (가) - (라) - (다)

③ (나) - (다) - (가) - (라)　　　④ (나) - (다) - (라) - (가)

※ [59~60] 다음을 읽고 물음에 답하십시오.

> 　처음 만난 사람과 친구가 되는 것은 어렵습니다. 그렇지만 쉽게 친구가 되는 방법이 있습니다. (㉠) 사람들의 이야기를 잘 들어 주는 것입니다. 또는 그 사람이 좋아하는 것을 같이 이야기하는 것입니다. (㉡) 그리고 웃는 얼굴로 이야기를 하는 것도 좋습니다. (㉢) 웃는 얼굴로 이야기하면 마음이 편해져서 많은 이야기를 할 수 있습니다. 그러면 금방 친해질 수 있습니다. (㉣)

59. 다음 문장이 들어갈 곳으로 알맞은 것을 고르십시오. (2점)

> 이야기를 잘 들어 주고 좋아하는 것을 같이 이야기하게 되면 쉽게 마음을 엽니다.

① ㉠　　　　　② ㉡　　　　　③ ㉢　　　　　④ ㉣

60. 윗글의 내용과 같은 것을 고르십시오. (3점)

① 웃는 얼굴로 이야기하는 것이 좋습니다.

② 처음 만난 사람과는 친구가 될 수 없습니다.

③ 처음 만난 사람과 이야기하는 것은 어렵습니다.

④ 사람들은 이야기를 많이 하는 사람을 싫어합니다.

※ [61~62] 다음을 읽고 물음에 답하십시오. (각 2점)

> 　저는 대학교를 졸업하기 전에 취업을 하고 싶습니다. 그래서 요즘 면접 준비를 열심히 하고 있습니다. 한국 회사에 (　㉠　) 한국어 말하기 성적이 좋아야 합니다. 또한 쓰기도 잘해야 합니다. 그래서 저는 일주일에 한 번씩 한국인 선생님을 만나서 말하기와 쓰기를 공부하고 있습니다.

61. ㉠에 들어갈 말로 가장 알맞은 것을 고르십시오.

① 들어가고　　　　　　　　② 들어간 지

③ 들어가려면　　　　　　　④ 들어간 후에

62. 윗글의 내용과 같은 것을 고르십시오.

① 저는 말하기와 쓰기를 둘 다 잘합니다.

② 저는 대학교를 졸업한 후에 회사에 갈 겁니다.

③ 요즘 일주일에 한 번씩 면접을 보고 있습니다.

④ 한국인 신생님하고 취업 준비를 열심히 합니다.

○ ○ ○

받는 사람: kmj@maver.com
보낸 사람: park@kana.co.kr
제목: A/S 접수 결과 안내

고객님, 안녕하십니까?
고객님께서 신청하신 A/S가 접수되었습니다. A/S는 3~4일 정도 걸립니다. 항상 저희 회사의 제품을 사용해 주셔서 감사드립니다. 저희 회사의 제품을 사용하시면서 불편한 점이 있으면 언제든지 전화 주세요. 감사합니다.

A/S 접수 제품: 텔레비전
A/S 접수 날짜: 2024. 8. 10. 오전 11:20

가나전자

63. 왜 윗글을 썼는지 맞는 것을 고르십시오. (2점)

① A/S 신청 방법을 알리려고

② A/S 접수된 것을 알리려고

③ 텔레비전 A/S를 부탁하려고

④ 새로 나온 텔레비전을 소개하려고

64. 윗글의 내용과 같은 것을 고르십시오. (3점)

① A/S는 보통 일주일 정도 걸립니다.

② 오전 열한 시에 수리가 끝났습니다.

③ 고장이 난 텔레비전을 수리하려고 합니다.

④ 제품을 사용하면서 불편하면 이메일을 씁니다.

第6回

저는 지금 대학교 졸업을 준비하면서 바쁘게 생활하고 있습니다. 그런데 어제 작년에 졸업한 선배님을 우연히 만났습니다. 선배님은 제게 대학을 졸업하면 무엇이 좋은지 말씀해 주셨습니다. 또한 취업을 할 때 필요한 것이 무엇인지도 이야기했습니다. 지금까지 졸업을 준비하는 것이 힘들었는데 선배님의 이야기를 들으니까 이제 (㉠).

65. ㉠에 들어갈 말로 가장 알맞은 것을 고르십시오. (2점)
   ① 쉽게 됩니다　　　　　　　　　② 쉬우면 됩니다
   ③ 쉬울 것 같습니다　　　　　　　④ 쉬운 적이 있습니다

66. 윗글의 내용과 같은 것을 고르십시오. (3점)
   ① 선배님은 올해 취직을 했습니다.
   ② 저는 올해 대학을 졸업했습니다.
   ③ 저는 졸업을 하고 바쁘게 생활합니다.
   ④ 졸업 준비 중에 선배님을 만났습니다.

※ [67~68] 다음을 읽고 물음에 답하십시오. (각 3점)

자기 전에 '감사 일기'를 쓰는 것이 좋습니다. 일기장이나 스마트폰 메모장에 그날의 좋았던 일, 고마운 일을 써 보는 것입니다. '오늘 열심히 공부할 수 있어서 감사합니다.', '친구와 같이 잘 지낼 수 있어서 감사합니다.' 등 큰일이 아니고 작은 일도 좋으니까 고마운 일에 대해 씁니다. '감사 일기'를 쓰는 사람들은 쓰기 전과는 다르게 밝아지고 많이 웃습니다. 감사하는 마음은 (㉠) 다른 사람들도 행복하게 해 줍니다.

67. ㉠에 들어갈 말로 가장 알맞은 것을 고르십시오.
   ① 건강을 가져다주고　　　　　　② 공부를 잘하게 하고
   ③ 친구와 잘 지내게 하고　　　　④ 자기를 소중하게 생각하게 하고

68. 윗글의 내용과 같은 것을 고르십시오.

    ① 감사 일기는 많이 쓰는 것이 중요합니다.

    ② 감사 일기에는 중요한 일을 써야 합니다.

    ③ 감사 일기는 고마운 사람에게 주는 것입니다.

    ④ 감사 일기는 작은 것에도 감사할 수 있게 합니다.

※ [69~70] 다음을 읽고 물음에 답하십시오. (각 3점)

> 우리 가족은 아직 (㉠) 적이 없습니다. 그래서 우리 가족은 그동안 제가 춤을 좋아한다는 것을 몰랐습니다. 이번에 저희 동아리에서 공연을 하게 됐습니다. 저는 이전에도 공연을 한 적이 있지만 이번 공연에서는 저 혼자서 춤을 추게 됐습니다. 그래서 우리 가족에게 공연 초대장을 줬습니다. 모두들 깜짝 놀랐습니다. 가족들은 모두 제 공연을 보러 오려고 합니다. 떨리고 긴장이 되지만 가족 앞에서 춤을 잘 출 것입니다.

69. ㉠에 들어갈 말로 가장 알맞은 것을 고르십시오.

    ① 제 공연을 본   ② 제 춤을 춘

    ③ 저와 춤을 배운   ④ 저와 공연을 한

70. 윗글의 내용으로 알 수 있는 것을 고르십시오.

    ① 저는 춤에 관심이 없습니다.

    ② 저는 공연을 처음 해 봅니다.

    ③ 우리 가족은 제 공연을 보러 갔습니다.

    ④ 이전 공연에서는 사람들과 같이 춤을 췄습니다.

제7회 실전 모의고사

実戦模擬試験 7

TOPIK I

듣기, 읽기

수험번호 (Registration No.)	
이 름 (Name)	한국어 (Korean)	
	영 어 (English)	

유 의 사 항
Information
注意事項

1. 시험 시작 지시가 있을 때까지 문제를 풀지 마십시오.

   Do not open the booklet until you are allowed to start.
   試験開始の指示があるまで問題を解かないでください。

2. 수험번호와 이름을 정확하게 적어 주십시오.

   Write your name and registration number on the answer sheet.
   受験番号と氏名を正確に書いてください。

3. 답안지를 구기거나 훼손하지 마십시오.

   Do not fold the answer sheet; keep it clean.
   答案用紙を折り曲げたり汚したりしないでください。

4. 답안지의 이름, 수험번호 및 정답의 기입은 배부된 펜을 사용하여 주십시오.

   Use the given pen only.
   答案用紙の氏名、受験番号および解答の記入は配布されたペンを使用してください。

5. 정답은 답안지에 정확하게 표시하여 주십시오.

   Mark your answer accurately and clearly on the answer sheet.
   解答は答案用紙に正確に記載してください。

   marking example

6. 문제를 읽을 때에는 소리가 나지 않도록 하십시오.

   Keep quiet while answering the questions.
   問題を読むときは音を立てないようにしてください。

7. 질문이 있을 때에는 손을 들고 감독관이 올 때까지 기다려 주십시오.

   When you have any questions, please raise your hand.
   質問があるときは手を挙げて、監督官が来るまでお待ちください。

※　[1~4] 다음을 듣고 〈보기〉와 같이 물음에 맞는 대답을 고르십시오.

─────────〈 보　기〉─────────

가: 공부를 해요?

나: _____

❶ 네, 공부를 해요.　　　　　　② 아니요, 공부예요.

③ 네, 공부가 아니에요.　　　　④ 아니요, 공부를 좋아해요.

1.　(4점)

　　① 네, 시계예요.　　　　　　　② 네, 시계가 싸요.

　　③ 아니요, 시계가 많아요.　　　④ 아니요, 시계가 없어요.

2.　(4점)

　　① 네, 커피예요.　　　　　　　② 네, 커피가 뜨거워요.

　　③ 아니요, 커피를 싫어해요.　　④ 아니요, 커피가 맛있어요.

3.　(3점)

　　① 기차로 여행할 거예요.　　　② 방학에 여행할 거예요.

　　③ 친구와 여행할 거예요.　　　④ 한국으로 여행할 거예요.

4.　(3점)

　　① 집이 있어요.　　　　　　　② 세 개 있어요.

　　③ 방에 있어요.　　　　　　　④ 서울에 있어요.

第7回

※ [5~6] 다음을 듣고 〈보기〉와 같이 이어지는 말을 고르십시오.

---〈보 기〉---

가: 늦어서 미안해요.

나: _____

① 고마워요.　　　　　　　❷ 괜찮아요.

③ 여기 앉으세요.　　　　　④ 안녕히 계세요.

---

5. (4점)

① 고맙습니다.　　　　　　② 괜찮습니다.

③ 죄송합니다.　　　　　　④ 실례합니다.

6. (3점)

① 네, 그럼요.　　　　　　② 주문하세요.

③ 이거 주세요.　　　　　　④ 어서 오십시오.

※ [7~10] 여기는 어디입니까? 〈보기〉와 같이 알맞은 것을 고르십시오.

---〈보 기〉---

가: 어서 오세요.

나: 여기 수박 있어요?

① 학교　　　② 약국　　　❸ 시장　　　④ 서점

---

7. (3점)

① 백화점　　② 우체국　　③ 수영장　　④ 사진관

8. (3점)

① 빵집　　　② 꽃집　　　③ 은행　　　④ 호텔

9. (3점)

① 식당　　　　　② 가게　　　　　③ 서점　　　　　④ 병원

10. (4점)

① 공항　　　　　② 호텔　　　　　③ 운동장　　　　　④ 수영장

※ [11~14] 다음은 무엇에 대해 말하고 있습니까? 〈보기〉와 같이 알맞은 것을 고르십시오.

┌─────────────────〈 보　기 〉─────────────────┐

가: 누구예요?

나: 이 사람은 형이고, 이 사람은 동생이에요.

❶ 가족　　　　　② 이름　　　　　③ 선생님　　　　　④ 부모님

└──────────────────────────────────────┘

11. (3점)

① 값　　　　　② 맛　　　　　③ 방　　　　　④ 일

12. (3점)

① 운동　　　　　② 고향　　　　　③ 선생님　　　　　④ 부모님

13. (4점)

① 취미　　　　　② 건강　　　　　③ 시간　　　　　④ 요리

14. (3점)

① 운동　　　　　② 주말　　　　　③ 기분　　　　　④ 방학

第7回

※　[15~16] 다음 대화를 듣고 가장 알맞은 그림을 고르십시오. (각 4점)

15.

①

②

③

④

16.

①

②

③

④

[17~21] 다음을 듣고 〈보기〉와 같이 대화 내용과 같은 것을 고르십시오. (각 3점)

---〈보　기〉---

남자: 요즘 한국어를 공부해요?

여자: 네. 한국 친구한테서 한국어를 배워요.

① 남자는 학생입니다.　　　　　② 여자는 학교에 다닙니다.

③ 남자는 한국어를 가르칩니다.　❹ 여자는 한국어를 공부합니다.

---

17. ① 여자는 정리한 옷을 버릴 겁니다.

② 남자는 안 입는 옷을 여자에게 줬습니다.

③ 여자는 남자의 옷을 같이 포장해 줄 겁니다.

④ 남자는 고향에서 받은 옷을 정리하고 있습니다.

18. ① 여자는 9월에 중국에 갈 겁니다.

② 남자는 오전에 비행기를 탈 겁니다.

③ 남자는 비행기 표를 비싸게 샀습니다.

④ 여자는 남자의 비행기 표를 예매해 줄 겁니다.

19. ① 남자는 규칙적으로 운동합니다.

② 여자는 매일 아침 공원을 걷습니다.

③ 남자는 여자와 함께 테니스를 배웁니다.

④ 여자는 내일부터 남자와 함께 운동할 겁니다.

20. ① 남자는 지금 한국에서 살고 있습니다.

② 남자는 직접 음식을 만들 수 있습니다.

③ 남자는 아직 미국 음식을 좋아하지 않습니다.

④ 남자는 어머니가 만든 음식을 자주 먹습니다.

第7回

21. ① 여자는 오늘 말하기 시험을 봅니다.
② 여자는 내일 운동을 하러 갈 겁니다.
③ 남자는 오늘 날짜를 잘못 생각했습니다.
④ 남자는 여자하고 운동을 하고 싶어 합니다.

※ [22~24] 다음을 듣고 여자의 중심 생각을 고르십시오. (각 3점)

22. ① 일찍 출근하면 일을 잘할 수 없습니다.
② 여자는 월급 때문에 회사에 가기 싫습니다.
③ 출근하기 전에 아침밥을 꼭 먹어야 됩니다.
④ 일을 많이 하면 월급을 많이 받아야 합니다.

23. ① 노트북을 수리하는 게 좋겠습니다.
② 고객의 실수로 노트북이 고장 난 것 같습니다.
③ 노트북을 서비스 센터에 가지고 가기 싫습니다.
④ 회사에서 노트북을 새 제품으로 바꿔 줘야 합니다.

24. ① 비싼 책은 빌려 봐도 괜찮습니다.
② 책은 직접 사서 공부하는 것이 좋습니다.
③ 책에 중요한 내용을 반드시 써야 합니다.
④ 책을 사는 것보다 밥을 먹는 것이 중요합니다.

※ [25~26] 다음을 듣고 물음에 답하십시오.

25. 여자가 왜 이 이야기를 하고 있는지 고르십시오. (3점)
① 연극 표를 보내고 싶어서
② 연극 공연에 초대하고 싶어서
③ 연극 끝나고 계획을 설명하려고
④ 공연 장소와 시간을 알려 주려고

26. 들은 내용과 같은 것을 고르십시오. (4점)
① 두 시간 동안 연극이 진행됩니다.
② 여자는 남자와 같이 연극을 볼 겁니다.
③ 유명한 배우도 연극을 보러 올 겁니다.
④ 맥주를 마시면서 연극을 볼 수 있습니다.

※ [27~28] 다음을 듣고 물음에 답하십시오.

27. 두 사람이 무엇에 대해 이야기를 하고 있는지 고르십시오. (3점)
① 요리 대회 신청
② 요리 대회 결과
③ 요리 대회 시간
④ 요리 대회 장소

28. 들은 내용과 같은 것을 고르십시오. (4점)
① 남자는 어제 여자에게 요리를 해 줬습니다.
② 여자는 다음에 요리 대회에 참가할 겁니다.
③ 남자는 요리 대회에서 1등을 하지 못했습니다.
④ 여자는 3시간 동안 요리 대회를 구경하고 있습니다.

第7回

[29~30] 다음을 듣고 물음에 답하십시오.

29. 여자가 전화한 이유를 고르십시오. (3점)

　　① 잘 자라고 인사하려고

　　② 뉴스를 이야기해 주려고

　　③ 집이 어디인지 물어보려고

　　④ 남자가 괜찮은지 확인하려고

30. 들은 내용과 같은 것을 고르십시오. (4점)

　　① 남자는 불이 나서 다쳤습니다.

　　② 남자는 뉴스를 보고 늦게 잤습니다.

　　③ 여자는 남자가 이사한 것을 알고 있습니다.

　　④ 여자가 전화했을 때 남자는 자고 있었습니다.

TOPIK I 읽기 (31번~70번)

第7回

※ [31~33] 무엇에 대한 내용입니까? 〈보기〉와 같이 알맞은 것을 고르십시오. (각 2점)

〈보   기〉

사과가 있습니다. 그리고 배도 있습니다.

① 요일　　　② 공부　　　❸ 과일　　　④ 생일

31. 한국어를 배웁니다. 시험을 봅니다.

① 청소　　　② 여권　　　③ 쇼핑　　　④ 학교

32. 수영을 좋아합니다. 매일 아침에 수영을 합니다.

① 거리　　　② 운동　　　③ 회사　　　④ 시간

33. 한국에서 일본은 가깝습니다. 미국은 멉니다.

① 나라　　　② 편지　　　③ 창문　　　④ 사람

※ [34~39] 〈보기〉와 같이 (   )에 들어갈 말로 가장 알맞은 것을 고르십시오.

〈보   기〉

날씨가 좋습니다. (   )이 맑습니다.

① 눈　　　② 밤　　　❸ 하늘　　　④ 구름

34. (2점)

> 저는 학생입니다. 제 친구(　　　　) 학생입니다.

① 에　　　　　　② 의　　　　　　③ 도　　　　　　④ 를

35. (2점)

> 저는 중국 사람입니다. 한국에서 한국어를 (　　　　).

① 모릅니다　　　② 배웁니다　　　③ 싫어합니다　　　④ 일합니다

36. (2점)

> 제 (　　　　)은 선생님입니다. 한국어를 가르칩니다.

① 방학　　　　　② 이름　　　　　③ 고향　　　　　④ 직업

37. (3점)

> 제 친구는 키가 (　　　　). 그래서 농구를 잘합니다.

① 큽니다　　　　② 깁니다　　　　③ 높습니다　　　　④ 넓습니다

38. (3점)

> 저 사람은 결혼을 했습니다. 반지를 (　　　　) 있습니다.

① 신고　　　　　② 입고　　　　　③ 차고　　　　　④ 끼고

39. (2점)

> 겨울입니다. 날씨가 (　　　　) 춥습니다.

① 조금　　　　　② 아까　　　　　③ 너무　　　　　④ 모두

※ [40~42] 다음을 읽고 맞지 <u>않는</u> 것을 고르십시오. (각 3점)

40.

한글 박물관 안내

- **문 여는 날**: 화요일 ~ 일요일 (월요일 휴관)
- **시간**: 10:00 ~ 17:00
- **입장료**: 무료

① 월요일은 쉽니다.
② 입장료는 무료입니다.
③ 어린이는 돈을 냅니다.
④ 오후 다섯 시까지 합니다.

41.

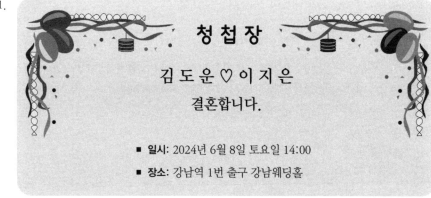

청 첩 장

김 도 운 ♡ 이 지 은

결혼합니다.

- **일시**: 2024년 6월 8일 토요일 14:00
- **장소**: 강남역 1번 출구 강남웨딩홀

① 결혼식이 유월에 있습니다.
② 토요일에 결혼식장에 갑니다.
③ 결혼식이 두 시에 시작합니다.
④ 강남역 이 번 출구에 있습니다.

42.

 컴퓨터실 사용 안내

1 떠들지 않습니다.
2 전화는 밖에서 합니다.
3 음식을 먹을 수 없습니다.
4 사용 후에 컴퓨터를 끕니다.

① 컴퓨터실 안에서 통화합니다.
② 사용한 뒤에 컴퓨터를 끕니다.
③ 친구하고 나가서 이야기합니다.
④ 컴퓨터실 밖에서 주스를 마십니다.

※ [43~45] 다음을 읽고 내용이 같은 것을 고르십시오.

43. (3점)

> 저는 수업이 끝나면 아르바이트를 합니다. 학교 앞 커피숍에서 7시부터 합니다.
> 손님이 적고 커피 만드는 것이 쉬워서 계속 일하고 싶습니다.

① 저는 일곱 시간 동안 일합니다.
② 커피숍에는 사람이 많이 옵니다.
③ 수업이 끝나면 커피를 만듭니다.
④ 커피를 마시러 자주 커피숍에 갑니다.

44. (2점)

> 제가 사는 기숙사는 방이 아주 작습니다. 룸메이트의 침대와 책상도 있어서 좁습니다. 내년에는 밖에서 혼자 살고 싶습니다.

① 방에 책상이 한 개 있습니다.

② 저는 룸메이트와 같이 삽니다.

③ 내년에도 기숙사에서 살고 싶습니다.

④ 제가 사는 기숙사는 크고 깨끗합니다.

45. (3점)

> 동생은 작은 가방만 있고 큰 가방이 없습니다. 동생이 오늘 여행을 가서 제 가방을 빌려줬습니다. 동생이 돌아오면 큰 가방을 사 줄 겁니다.

① 동생은 어제 여행을 갔습니다.

② 저는 동생의 가방을 빌렸습니다.

③ 저는 동생에게 가방을 사 주고 싶습니다.

④ 동생은 저에게 작은 가방을 선물했습니다.

第7回

※ [46~48] 다음을 읽고 중심 내용을 고르십시오.

46. (3점)

> 이번 주말에 친구하고 같이 공원에 가려고 합니다. 친구와 같이 배드민턴도 치고 산책도 하려고 합니다. 맛있는 음식도 먹고 이야기도 많이 할 겁니다.

① 친구는 공원을 좋아합니다.

② 친구는 배드민턴을 잘 칩니다.

③ 주말에 친구와 공원에서 놀 겁니다.

④ 공원에서는 사람들이 많은 것을 합니다.

47. (3점)

> 우리 반 첸첸 씨는 항상 웃는 얼굴로 인사하고 이야기를 합니다. 그래서 첸첸 씨와 이야기하면 기분이 좋습니다. 저도 첸첸 씨와 친해지고 싶습니다.

① 첸첸 씨는 잘 웃습니다.

② 첸첸 씨는 친구가 많습니다.

③ 첸첸 씨는 이야기를 잘합니다.

④ 첸첸 씨와 친구가 되고 싶습니다.

48. (2점)

> 저는 매일 학교 앞 커피숍에 갑니다. 커피숍에서 커피도 마시고 음악도 듣습니다. 친구와 같이 이야기하면서 공부도 합니다.

① 커피숍의 음악이 좋습니다.

② 커피숍의 커피는 맛이 있습니다.

③ 매일 커피숍에서 친구를 만납니다.

④ 저는 학교 앞 커피숍을 좋아합니다.

※ [49~50] 다음을 읽고 물음에 답하십시오. (각 2점)

> 민수 씨는 새 자전거를 샀습니다. 그런데 날씨가 계속 안 좋아서 자전거를 탈 수 없습니다. 그래서 지금까지 한 번도 못 탔습니다. 내일도 회사에 일이 많아서 (㉠) 끝날 겁니다. 그래서 민수 씨는 이번 주말을 기다리고 있습니다.

49. ㉠에 들어갈 말로 가장 알맞은 것을 고르십시오.

① 미리   ② 늦게

③ 아직   ④ 많이

50. 윗글의 내용과 같은 것을 고르십시오.

① 민수 씨는 새 자전거를 자주 탔습니다.

② 민수 씨는 내일 회사에서 일할 겁니다.

③ 민수 씨는 자전거를 타고 회사에 갑니다.

④ 민수 씨는 주말에 자전거를 타려고 합니다.

※ [51~52] 다음을 읽고 물음에 답하십시오.

> 봄에는 꽃이 많이 핍니다. 서울 여의도에서는 벚꽃 축제가 열립니다. 축제 기간에는 도로에 (㉠). 그래서 넓은 도로를 걸으면서 아름답게 핀 벚꽃을 보고 사진을 찍을 수 있습니다. 그리고 여러 가지 행사가 있습니다. 태권도 경기를 보거나 가수들의 춤과 노래 공연을 볼 수 있습니다. 예쁜 꽃도 보고 행사도 볼 수 있어서 많은 사람들이 여의도 벚꽃 축제에 옵니다.

51. ㉠에 들어갈 말로 가장 알맞은 것을 고르십시오. (3점)

① 차가 다닐 수 없습니다   ② 차를 멈출 수 없습니다

③ 차가 건널 수 없습니다   ④ 차를 보낼 수 없습니다

52. 무엇에 대한 내용인지 맞는 것을 고르십시오. (2점)

① 벚꽃 축제를 하는 날   ② 벚꽃 축제에 가는 방법

③ 벚꽃 축제에 오는 사람   ④ 벚꽃 축제에서 볼 수 있는 것

第7回

> 저는 한국어를 배운 지 1년이 되었지만 한국어를 잘 못합니다. 한국어로 쓴 일기를 읽을 수 있지만 제가 일기를 쓰는 것은 어렵습니다. 그래서 이제 한국인 친구를 (㉠) 공부를 할 겁니다. 한국인 친구가 저를 많이 도와주면 좋겠습니다.

53. ㉠에 들어갈 말로 가장 알맞은 것을 고르십시오. (2점)

① 사귀어서   ② 사귀어도

③ 사귀지만   ④ 사귀려고

54. 윗글의 내용과 같은 것을 고르십시오. (3점)

① 저는 한국어로 쓴 일기가 많습니다.

② 한국인 친구가 많아서 자주 만납니다.

③ 한국어를 배웠지만 쓰기가 어렵습니다.

④ 저는 한 달 전부터 한국어를 배웠습니다.

> 저는 어릴 때부터 모자를 좋아해서 여러 가지 모자를 사서 쓰고 다닙니다. 여름에는 야구 모자를 쓰고 겨울에는 털모자를 씁니다. 야구 모자를 쓰면 햇빛을 가릴 수 있고 털모자를 쓰면 따뜻합니다. (㉠) 제 방에는 모양과 색깔이 다른 모자가 많이 있습니다.

55. ㉠에 들어갈 말로 가장 알맞은 것을 고르십시오. (2점)

① 그리고   ② 그래서

③ 그런데   ④ 하지만

56. 윗글의 내용과 같은 것을 고르십시오. (3점)

① 얼마 전부터 모자를 샀습니다.

② 겨울에는 야구 모자를 씁니다.

③ 여름에는 더워서 모자를 쓰지 않습니다.

④ 저는 여러 가지 모자를 가지고 있습니다.

※ [57~58] 다음을 순서에 맞게 배열한 것을 고르십시오.

57. (3점)

(가) 산에 있는 나무들은 특별한 색으로 바뀝니다.
(나) 한국의 가을은 보통 날씨가 좋고 매우 아름답습니다.
(다) 저는 특히 노란색과 빨간색 잎이 달린 나무를 좋아합니다.
(라) 그 나무들의 이름은 모르지만 고향 생각이 나서 좋습니다.

① (나) - (가) - (다) - (라) ② (다) - (가) - (라) - (나)

③ (다) - (나) - (가) - (라) ④ (다) - (나) - (가) - (라)

第7回

58. (2점)

(가) 여러분은 한국어를 어떻게 공부합니까?
(나) 제가 아주 쉬운 공부 방법을 알고 있습니다.
(다) 그것은 매일 한국어로 일기를 쓰는 것입니다.
(라) 처음에는 어렵지만 몇 달 후에는 아주 쉬울 것입니다.

① (가) - (나) - (다) - (라) ② (가) - (나) - (라) - (다)

③ (가) - (다) - (나) - (라) ④ (가) - (다) - (라) - (나)

제주도에는 특별한 커피숍이 있습니다. 이 커피숍에는 가게 주인이 없습니다. (㉠) 음료의 가격도 정해져 있지 않습니다. (㉡) 그래서 손님들이 직접 마시고 싶은 차를 만들어서 마십니다. 차를 마시고 난 다음에는 앉은 자리를 정리하고 사용한 그릇을 직접 씻습니다. (㉢) 작은 상자에 자신이 내고 싶은 만큼만 돈을 냅니다. (㉣)

59. 다음 문장이 들어갈 곳으로 가장 알맞은 것을 고르십시오. (2점)

커피나 차를 만들 도구나 재료는 다 있습니다.

① ㉠　　　　　② ㉡　　　　　③ ㉢　　　　　④ ㉣

60. 윗글의 내용과 같은 것을 고르십시오. (3점)

　① 이 커피숍은 인기가 많습니다.

　② 이 커피숍은 가격이 비쌉니다.

　③ 이 커피숍에서는 돈을 내지 않아도 됩니다.

　④ 손님이 마시고 싶은 차를 만들 수 있습니다.

※ [61~62] 다음을 읽고 물음에 답하십시오. (각 2점)

　　삼계탕은 외국인과 한국인 모두에게 인기가 있는 한국 음식입니다. 한국에서는 특히 여름에 삼계탕을 많이 먹습니다. 여름에 뜨거운 삼계탕을 먹으면 아주 더운 날씨에도 건강하게 지낼 수 있습니다. 그래서 삼계탕은 더운 날씨에 더 잘 팔립니다. 인기 있는 식당에서 삼계탕을 주문하면 음식이 (㉠) 오래 기다릴 때도 있습니다.

61. ㉠에 들어갈 말로 가장 알맞은 것을 고르십시오.

　① 나오고　　　　　　　　　② 나온 시

　③ 나온 후에　　　　　　　　④ 나올 때까지

62. 윗글의 내용과 같은 것을 고르십시오.

① 삼계탕은 외국인에게 더 잘 팔립니다.

③ 삼계탕은 뜨거워서 여름에 먹기가 힘듭니다.

② 삼계탕은 추운 날씨에 인기가 아주 많습니다.

④ 삼계탕을 먹으면 여름을 잘 보낼 수 있습니다.

※ [63~64] 다음을 읽고 물음에 답하십시오.

받는 사람: kmj@maver.com

보낸 사람: medical@bong.co.kr

제목: 병원 예약 확인

환자 이름: 첸첸

안녕하십니까? 행복병원입니다. 예약 확인 이메일입니다. 예약 날짜를 확인하시고 예약한 시간보다 10분 일찍 오세요. 병원에 오는 날 아침에는 물이나 음식을 드시면 안 됩니다. 시간을 바꾸고 싶으면 병원에 전화해 주세요.

예약 시간: 2024년 10월 20일 오전 10시

행복병원

63. 왜 윗글을 썼는지 맞는 것을 고르십시오. (2점)

① 병원 예약 날짜를 알리려고

② 병원에 예약한 날짜를 바꾸려고

③ 병원이 문 여는 시간을 알리려고

④ 병원이 추천한 음식을 소개하려고

64. 윗글의 내용과 같은 것을 고르십시오. (3점)

① 병원에 가는 날 아침을 먹어야 합니다.

② 병원은 열 시까지 예약 손님을 받습니다.

③ 약속한 시간보다 십 분 일찍 도착해야 합니다.

④ 예약한 시간을 바꾸려면 십 분 전에 알립니다.

> 제가 사는 고향에는 유명한 음식이 많습니다. 그중에는 매운 음식이 많이 있고 저도 매운 음식을 아주 좋아합니다. 그런데 한국 음식에도 매운 음식이 있습니다. 제 친구는 매운 한국 음식을 잘 못 먹지만 저는 아주 잘 (㉠). 제 고향의 음식이 한국 음식보다 더 맵기 때문에 한국 음식을 다 잘 먹을 수 있습니다.

65. ㉠에 들어갈 말로 가장 알맞은 것을 고르십시오. (2점)

① 먹게 됩니다　　　　　　　　② 먹어 봅니다

③ 먹을까 합니다　　　　　　　④ 먹고 있습니다

66. 윗글의 내용과 같은 것을 고르십시오. (3점)

① 매운 음식이 몸에 좋고 유명합니다.

② 한국 음식도 맵지만 고향 음식이 더 맵습니다.

③ 제 친구는 고향에서도 매운 음식을 잘 먹습니다.

④ 저는 한국에 와서 처음 매운 음식을 먹었습니다.

※ [67~68] 다음을 읽고 물음에 답하십시오. (각 3점)

> 방 청소를 할 때는 필요가 없는 물건을 버리는 것이 중요합니다. 먼저 버릴 물건을 정합니다. 1년 이상 쓰지 않은 물건, 입지 않은 옷 등은 버리거나 다른 사람에게 주는 것이 좋습니다. 고민이 되는 물건은 1년 보관 상자를 만들어서 그곳에 넣습니다. 1년 동안 그 물건을 한 번 이상 사용하면 계속 가지고 있고 그렇지 않으면 (㉠). 필요 없는 물건을 버리기만 해도 방 청소가 됩니다.

67. ㉠에 들어갈 말로 가장 알맞은 것을 고르십시오.

① 팝니다　　　　　　　　　　② 받습니다

③ 보관합니다　　　　　　　　④ 정리합니다

68. 윗글의 내용과 같은 것을 고르십시오.

① 필요가 없는 물건은 다 버려야 합니다.

② 안 쓰는 물건은 버리는 것이 좋습니다.

③ 고민이 되는 물건은 계속 가지고 있습니다.

④ 보관 상자는 기간이 정해져 있지 않습니다.

※ **[69~70] 다음을 읽고 물음에 답하십시오. (각 3점)**

> 저는 지난주에 경기도 이천에서 열리는 이천 쌀 축제에 갔다 왔습니다. 이천은 쌀로 유명한 곳입니다. 쌀 축제에서는 쌀로 만든 떡, 술, 음식 등을 먹어 볼 수 있습니다. 떡 만들기, 그릇 만들기, 한국 놀이 문화 체험 등 여러 행사가 열립니다. 저는 친구들과 가서 쌀로 만든 술인 막걸리도 마시고 친구에게 선물할 그릇도 만들었습니다. 만든 그릇은 불에 구운 후에 택배로 보내 줍니다. 만든 그릇이 빨리 (㉠   ).

69. ㉠에 들어갈 말로 가장 알맞은 것을 고르십시오.

① 왔습니다   ② 오려고 합니다

③ 오고 싶습니다   ④ 왔으면 좋겠습니다

70. 윗글의 내용으로 알 수 있는 것을 고르십시오.

① 막걸리를 만드는 재료는 쌀입니다.

② 저는 혼자서 이천 쌀 축제에 갔습니다.

③ 저는 이천 쌀 축제에서 떡 만들기를 했습니다.

④ 저는 이천 쌀 축제에서 친구에게 줄 그릇을 샀습니다.

제8회 **실전 모의고사**

実戦模擬試験 8

TOPIK I

듣기, 읽기

수험번호 (Registration No.)		
이 름 (Name)	한국어 (Korean)	
	영 어 (English)	

유 의 사 항
Information
注意事項

1. 시험 시작 지시가 있을 때까지 문제를 풀지 마십시오.

   Do not open the booklet until you are allowed to start.
   試験開始の指示があるまで問題を解かないでください。

2. 수험번호와 이름을 정확하게 적어 주십시오.

   Write your name and registration number on the answer sheet.
   受験番号と氏名を正確に書いてください。

3. 답안지를 구기거나 훼손하지 마십시오.

   Do not fold the answer sheet; keep it clean.
   答案用紙を折り曲げたり汚したりしないでください。

4. 답안지의 이름, 수험번호 및 정답의 기입은 배부된 펜을 사용하여 주십시오.

   Use the given pen only.
   答案用紙の氏名、受験番号および解答の記入は配布されたペンを使用してください。

5. 정답은 답안지에 정확하게 표시하여 주십시오.

   Mark your answer accurately and clearly on the answer sheet.
   解答は答案用紙に正確に記載してください。

   marking example

6. 문제를 읽을 때에는 소리가 나지 않도록 하십시오.

   Keep quiet while answering the questions.
   問題を読むときは音を立てないようにしてください。

7. 질문이 있을 때에는 손을 들고 감독관이 올 때까지 기다려 주십시오.

   When you have any questions, please raise your hand.
   質問があるときは手を挙げて、監督官が来るまでお待ちください。

※ [1~4] 다음을 듣고 〈보기〉와 같이 물음에 맞는 대답을 고르십시오.

〈 보　기 〉

가: 공부를 해요?

나: _____

❶ 네, 공부를 해요.　　　　　　② 아니요, 공부예요.

③ 네, 공부가 아니에요.　　　　④ 아니요, 공부를 좋아해요.

---

1. (4점)

　① 네, 공원이 있어요.　　　　　② 네, 공원이 가까워요.

　③ 아니요, 공원이 아니에요.　　④ 아니요, 공원이 아름다워요.

2. (4점)

　① 네, 그림이 많아요.　　　　　② 네, 그림을 그려요.

　③ 아니요, 그림이 없어요.　　　④ 아니요, 그림을 좋아해요.

3. (3점)

　① 식당에 냈어요.　　　　　　② 오빠가 냈어요.

　③ 카드로 냈어요.　　　　　　④ 칠천 원을 냈어요.

4. (3점)

　① 많이 아파요.　　　　　　　② 머리가 아파요.

　③ 동생이 아팠어요.　　　　　④ 삼 일 동안 아팠어요.

第8回

※ [5~6] 다음을 듣고 〈보기〉와 같이 이어지는 말을 고르십시오.

〈보　기〉

가: 늦어서 미안해요.

나: _____

① 고마워요.　　　　　　　　❷ 괜찮아요.

③ 여기 앉으세요.　　　　　　④ 안녕히 계세요.

5.　(4점)

① 반갑습니다.　　　　　　② 실례합니다.

③ 축하합니다.　　　　　　④ 고맙습니다.

6.　(3점)

① 죄송합니다.　　　　　　② 괜찮습니다.

③ 실례합니다.　　　　　　④ 고맙습니다.

※ [7~10] 여기는 어디입니까? 〈보기〉와 같이 알맞은 것을 고르십시오.

〈보　기〉

가: 어서 오세요.

나: 여기 수박 있어요?

① 학교　　　② 약국　　　❸ 시장　　　④ 서점

7.　(3점)

① 식당　　　② 극장　　　③ 빵집　　　④ 공항

8.　(3점)

① 기차역　　　② 미술관　　　③ 영화관　　　④ 여행사

9. (3점)
    ① 도서관   ② 미용실   ③ 사진관   ④ 경기장

10. (4점)
    ① 박물관   ② 화장실   ③ 백화점   ④ 운동장

※ [11~14] 다음은 무엇에 대해 말하고 있습니까? 〈보기〉와 같이 알맞은 것을 고르십시오.

┌─────────────────────〈 보   기 〉─────────────────────┐

가: 누구예요?

나: 이 사람은 형이고, 이 사람은 동생이에요.

❶ 가족   ② 이름   ③ 선생님   ④ 부모님

└──┘

11. (3점)
    ① 요일   ② 여행   ③ 선물   ④ 휴일

12. (3점)
    ① 약속   ② 나이   ③ 직업   ④ 취미

13. (4점)
    ① 휴일   ② 방학   ③ 나라   ④ 주소

14. (3점)
    ① 시간   ② 날씨   ③ 교통   ④ 기분

第8回

15.　①　②

③　④

16.　①　②

③　④

[17~21] 다음을 듣고 〈보기〉와 같이 대화 내용과 같은 것을 고르십시오. (각 3점)

┌─────────────〈보　기〉─────────────┐

남자: 요즘 한국어를 공부해요?

여자: 네, 한국 친구한테서 한국어를 배워요.

① 남자는 학생입니다.　　　　② 여자는 학교에 다닙니다.

③ 남자는 한국어를 가르칩니다.　❹ 여자는 한국어를 공부합니다.

└─────────────────────────────────┘

17.　① 남자는 피자를 살 겁니다.

　　② 여자는 음료수를 사기로 했습니다.

　　③ 여자는 오늘 저녁에 요리할 겁니다.

　　④ 남자는 여자가 만든 피자를 먹었습니다.

18.　① 남자는 영화 표를 미리 샀습니다.

　　② 여자는 오늘 남자와 같이 영화를 볼 겁니다.

　　③ 여자는 남자와 코미디 영화를 보기로 했습니다.

　　④ 남자는 여자와 나중에 영화를 보기로 했습니다.

19.　① 남자는 밥 먹는 것을 싫어합니다.

　　② 남자는 하루에 한 끼만 먹습니다.

　　③ 여자는 밥 대신 과일을 먹을 겁니다.

　　④ 여자는 요즘 다이어트를 하고 있습니다.

20.　① 여자는 여행비가 모자랐습니다.

　　② 남자는 여자보다 길게 여행할 겁니다.

　　③ 남자는 여자에게 선물을 사 줬습니다.

　　④ 여자는 일주일 동안 일본을 여행했습니다.

第 8 回

21. ① 남자는 공연 표를 예매할 겁니다.

② 여자는 남자에게 공연을 추천했습니다.

③ 남자는 사물놀이 공연을 본 적이 있습니다.

④ 여자는 남자와 사물놀이 공연을 볼 겁니다.

※ [22~24] 다음을 듣고 <u>여자의 중심 생각</u>을 고르십시오. (각 3점)

22. ① 비행기보다 기차를 타는 것이 좋습니다.

② 공항이 멀어서 비행기를 탈 수 없습니다.

③ 비행기를 타면 기차보다 편할 것 같습니다.

④ 차로 부산에 가면 시간을 절약할 수 있습니다.

23. ① 물건을 다 쓰고 버려야 합니다.

② 세일할 때 물건을 많이 사야 합니다.

③ 필요한 물건이 있을 때 쇼핑해야 합니다.

④ 세일할 때 파는 물건은 별로 안 좋습니다.

24. ① 지금도 전공을 바꾸고 싶습니다.

② 대학원에 입학해서 후회하고 있습니다.

③ 좋아하는 것을 공부하는 게 가장 중요합니다.

④ 대학원을 졸업하면 좋은 직장을 가질 수 있습니다.

25. 여자가 왜 이 이야기를 하고 있는지 고르십시오. (3점)
    ① 집 도착 시간을 알려 주려고
    ② 보일러가 고장나서 고치려고
    ③ 지금 살고 있는 집을 바꾸고 싶어서
    ④ 아저씨와 약속 시간을 확인하고 싶어서

26. 들은 내용과 같은 것을 고르십시오. (4점)
    ① 여자는 회사에서 일찍 퇴근합니다.
    ② 여자는 어제 보일러를 고쳤습니다.
    ③ 여자는 다섯 시까지 회사에 갑니다.
    ④ 여자는 아저씨에게 직접 말했습니다.

※ [27~28] 다음을 듣고 물음에 답하십시오.

27. 두 사람이 무엇에 대해 이야기를 하고 있는지 고르십시오. (3점)
    ① 휴가 장소   ② 휴가 날짜
    ③ 휴가 근무   ④ 휴가 계획

28. 들은 내용과 같은 것을 고르십시오. (4점)
    ① 남자는 고향에 다녀왔습니다.
    ② 여자는 휴가를 갔다 왔습니다.
    ③ 여자는 휴가 때 계획이 없습니다.
    ④ 남자는 휴가 날짜를 바꾸고 싶습니다.

第8回

※   [29~30] 다음을 듣고 물음에 답하십시오.

29.   여자가 미용실에 전화한 이유를 고르십시오. (3점)

      ① 예약을 취소하려고

      ② 예약 시간을 바꾸려고

      ③ 헤어 디자이너를 바꾸려고

      ④ 미용실 위치를 물어보려고

30.   들은 내용과 같은 것을 고르십시오. (4점)

      ① 남자는 쉬는 날이 없이 일합니다.

      ② 여자는 남자를 만난 적이 있습니다.

      ③ 남자는 텔레비전에 나온 적이 있습니다.

      ④ 여자는 내일 오후에 미용실에 갈 겁니다.

TOPIK I 읽기 (31번~70번)

※ [31~33] 무엇에 대한 내용입니까? 〈보기〉와 같이 알맞은 것을 고르십시오. (각 2점)

---〈보 기〉---

저는 중국에서 왔습니다. 중국 사람입니다.

① 요일 ② 공부 ③ 시간 ❹ 고향

---

31. 음악을 좋아합니다. 기타를 칩니다.

① 약국 ② 생일 ③ 취미 ④ 운동

32. 사과가 맛있습니다. 많이 먹습니다.

① 주말 ② 파티 ③ 장소 ④ 과일

33. 이 사람은 니콜라입니다. 대학교에서 한국어를 함께 배웁니다.

① 친구 ② 점심 ③ 직업 ④ 시장

第8回

※ [34~39] 〈보기〉와 같이 (   )에 들어갈 말로 가장 알맞은 것을 고르십시오.

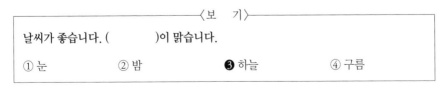

---〈보 기〉---

날씨가 좋습니다. (   )이 맑습니다.

① 눈 ② 밤 ❸ 하늘 ④ 구름

34. (2점)

한국의 여름은 덥습니다. 한국의 여름은 보통 6월(　　　　) 8월까지입니다.

① 보다　　　　② 에서　　　　③ 부터　　　　④ 하고

35. (2점)

친구와 약속이 있습니다. 7시에 친구를 (　　　　).

① 만납니다　　　② 보냅니다　　　③ 그립니다　　　④ 말합니다

36. (2점)

저희 (　　　　)은 세 명입니다. 아버지, 어머니 그리고 저입니다.

① 가족　　　　② 직업　　　　③ 얼굴　　　　④ 고향

37. (3점)

방이 (　　　　). 창문을 열어 주십시오.

① 넓습니다　　　② 적습니다　　　③ 덥습니다　　　④ 좋습니다

38. (3점)

저는 돈이 없습니다. 그래서 (　　　　) 쇼핑을 합니다.

① 가끔　　　　② 매일　　　　③ 정말　　　　④ 모두

39. (2점)

숙제를 (　　　　). 친구하고 영화를 볼 겁니다.

① 끝냈습니다　　② 말했습니다　　③ 만들었습니다　　④ 시작했습니다

※ [40~42] 다음을 읽고 맞지 <u>않는</u> 것을 고르십시오. (각 3점)

40.

입장권

한국 민속촌

2024. 11. 2. (토)
어른 2명, 학생 2명
32,000원 × 2명, 26,000원 × 2명   총 116,000원

① 학생 네 명이 갑니다.
② 토요일에 한국 민속촌에 갑니다.
③ 입장료로 십일만 육천 원을 냅니다.
④ 어른은 한 명에 삼만 이천 원입니다.

41.

미영 씨,
저는 도서관에 왔어요.
책을 빌리고 있어요.
3시에 사무실에 갈 거예요.
　　　　　　　- 지수 드림 -

① 지수는 지금 도서관에 있습니다.
② 지수는 도서관에서 책을 삽니다.
③ 지수는 세 시에 사무실에 갑니다.
④ 지수는 미영 씨에게 메시지를 보냅니다.

42.

열람실 이용 안내

- **요일**: 월요일~금요일
- **시간**: 24시간
- **입장료**: 없음
- **신청 방법**: 201호에 신청서를 내세요.

① 주말에 공부합니다.

② 사용료는 무료입니다.

③ 하루 종일 사용합니다.

④ 신청서를 내고 사용합니다.

※ [43~45] 다음을 읽고 내용이 같은 것을 고르십시오.

43. (3점)

이번 주말에는 아주 바빴습니다. 집에 친구들을 초대해서 놀았습니다. 친구들하고 집에서 영화도 보고 이야기도 많이 했습니다.

① 친구들이 집에 놀러 왔습니다.

② 저는 주말마다 매우 바쁩니다.

③ 저는 자주 친구들을 초대합니다.

④ 친구들과 극장에서 영화를 봤습니다.

44. (2점)

> 저는 오늘 새 운동화를 샀습니다. 운동화가 조금 비쌌지만 예쁘고 편해서 샀습니다. 빨리 운동화를 신고 싶습니다.

① 운동화를 빨리 살 겁니다.

② 운동화는 예쁘지만 비쌉니다.

③ 저는 새 운동화를 많이 샀습니다.

④ 저는 오늘 새 운동화를 신었습니다.

45. (3점)

> 저의 할아버지는 그림을 그리십니다. 할아버지의 그림은 멋있어서 인기가 많습니다. 저는 할아버지께 그림을 배우고 싶습니다.

① 저는 그림을 잘 그립니다.

② 저는 멋있는 그림을 좋아합니다.

③ 할아버지께서 그림을 배우십니다.

④ 할아버지의 그림은 인기가 많습니다.

※ [46~48] 다음을 읽고 중심 내용을 고르십시오.

46. (3점)

> 저는 매일 신문을 읽습니다. 신문에는 제가 모르는 것이 많이 있습니다. 그래서 신문을 읽으면 많은 것을 배울 수 있습니다.

① 저는 자주 신문을 읽습니다.

② 저는 배우는 것을 좋아합니다.

③ 저는 많은 것을 알고 싶습니다.

④ 저는 신문에서 배우는 것이 많습니다.

47. (3점)

> 제가 일하는 회사는 서울에 있습니다. 집에서 회사까지 버스나 지하철로 갑니다.
> 그런데 아침에는 길이 많이 막혀서 주로 지하철을 타고 갑니다.

① 저는 서울에 살고 싶습니다.

② 저는 지하철 타는 것을 좋아합니다.

③ 버스나 지하철을 타고 회사에 갑니다.

④ 출근 시간에는 버스보다 지하철이 편리합니다.

48. (2점)

> 다음 주에 외국 친구들이 고향에 돌아갑니다. 그래서 마지막으로 같이 서울을 구경하
> 기로 했습니다. 동대문에서 쇼핑한 후에 명동에 갈 겁니다. 명동에서 제가 친구들에게
> 한국 음식을 사기로 했습니다.

① 친구들과 서울을 구경합니다.

② 친구들과 같이 고향에 갑니다.

③ 친구들과 함께 식사를 할 겁니다.

④ 친구들과 명동에서 쇼핑하려고 합니다.

※ [49~50] 다음을 읽고 물음에 답하십시오. (각 2점)

> 저는 동물을 좋아해서 동물원에서 아르바이트를 하고 있습니다. 제가 (㉠   ) 곳
> 에는 평소에 보기 힘든 동물들이 있습니다. 이런 동물들에게 먹이를 줄 때 위험하기도
> 합니다. 하지만 동물들을 보고 만질 수 있어서 좋습니다.

49. ㉠에 들어갈 말로 가장 알맞은 것을 고르십시오.

① 마시는   ② 다니는

③ 재미있는   ④ 공부하는

50. 윗글의 내용과 같은 것을 고르십시오.

① 저는 동물을 싫어합니다.

② 저는 위험한 일을 싫어합니다.

③ 저는 동물을 만질 수 없습니다.

④ 저는 동물원에서 일하고 있습니다.

※ [51~52] 다음을 읽고 물음에 답하십시오.

> 한국에서 예절을 지킬 때 가장 중요한 것은 나이입니다. 나이가 많은 사람에게는 높임말을 사용해야 합니다. 그래서 한국 사람들은 처음 만난 사람에게 (㉠) 나이를 물어봅니다. 한국에서는 식사할 때 나이가 많은 사람이 식사를 시작합니다. 나이가 많은 사람에게 물건을 드릴 때는 두 손으로 드립니다. 인사를 할 때는 나이가 적은 사람이 고개를 많이 숙입니다.

51. ㉠에 들어갈 말로 가장 알맞은 것을 고르십시오. (3점)

① 지금   ② 자주

③ 먼저   ④ 훨씬

52. 무엇에 대한 내용인지 맞는 것을 고르십시오. (2점)

① 나이 질문하기   ② 식사하는 장소

③ 인사하는 방법   ④ 한국의 예절 지키기

第8回

※ [53~54] 다음을 읽고 물음에 답하십시오.

저는 어렸을 때 병원이 무서워서 잘 못 갔습니다. 하지만 지금은 친절한 의사 선생님과 간호사 선생님 덕분에 쉽게 갈 수 있습니다. 그래서 저는 (㉠) 빨리 병원에 갑니다. 그런데 제 친구는 지금도 병원이 무서워서 잘 안 갑니다.

53. ㉠에 들어갈 말로 가장 알맞은 것을 고르십시오. (2점)
① 아프면   ② 아프고
③ 아프니까   ④ 아프지만

54. 윗글의 내용과 같은 것을 고르십시오. (3점)
① 의사와 간호사가 무섭습니다.
② 제 친구는 병원에서 일합니다.
③ 지금은 병원이 무섭지 않습니다.
④ 저는 어렸을 때 병원에 잘 갔습니다.

※ [55~56] 다음을 읽고 물음에 답하십시오.

저는 꽃을 좋아합니다. 작년부터 꽃을 기르고 있습니다. 아침에 일어나면 제일 먼저 꽃에 물을 줍니다. (㉠) 꽃들이 저에게 '고마워요.' 인사를 하는 것 같습니다. 우리 집에는 여러 가지 꽃이 많이 있습니다. 꽃이 피는 것을 보면 마음이 따뜻해집니다.

55. ㉠에 들어갈 말로 가장 알맞은 것을 고르십시오. (2점)
① 그리고   ② 그러면
③ 그래서   ④ 그런데

56. 윗글의 내용과 같은 것을 고르십시오. (3점)

① 따뜻하면 꽃이 핍니다.

② 집에 한 가지 꽃만 있습니다.

③ 일어나자마자 꽃을 돌봅니다.

④ 올해 꽃을 기르기 시작했습니다.

※ [57~58] 다음을 순서에 맞게 배열한 것을 고르십시오.

57. (3점)

> (가) 저는 매일 아홉 시에 한국어 수업을 듣습니다.
>
> (나) 그래서 오늘 학교에서 작은 선물을 받았습니다.
>
> (다) 아침 수업이라서 일찍 일어나는 것이 힘듭니다.
>
> (라) 하지만 지금까지 한 번도 지각을 하지 않았습니다.

① (가) – (다) – (나) – (라)　　　② (가) – (다) – (라) – (나)

③ (가) – (라) – (나) – (다)　　　④ (가) – (라) – (다) – (나)

58. (2점)

> (가) 저는 요즘 매운 음식을 아주 잘 먹습니다.
>
> (나) 하지만 떡볶이가 맛있어서 매일 사 먹었습니다.
>
> (다) 그래서 지금은 더 매운 음식도 먹을 수 있습니다.
>
> (라) 처음에는 매운 음식을 잘 못 먹어서 힘들었습니다.

① (가) – (다) – (나) – (라)　　　② (가) – (라) – (나) – (다)

③ (가) – (다) – (라) – (나)　　　④ (가) – (라) – (다) – (나)

> 저는 사진 찍는 것을 좋아합니다. (㉠) 어릴 때부터 아버지께서 저에게 사진 찍는 것을 가르쳐 주셨습니다. (㉡) 저는 아버지와 함께 집 근처 여러 곳에서 사진을 찍었습니다. (㉢) 지금은 대학교 사진 동아리에 가입해서 동아리 사람들과 함께 사진을 찍고 있습니다. (㉣) 친구들의 다양한 얼굴 표정을 찍는 것이 정말 재미있습니다.

59. 다음 문장이 들어갈 곳으로 가장 알맞은 것을 고르십시오. (2점)

> 전에는 풍경 사진이 좋았는데 지금은 인물 사진 찍는 것을 좋아합니다.

① ㉠   ② ㉡   ③ ㉢   ④ ㉣

60. 윗글의 내용과 같은 것을 고르십시오. (3점)

① 혼자 사진 찍는 것을 좋아합니다.

② 아버지에게서 사진을 배웠습니다.

③ 저는 여행을 가서 사진을 찍습니다.

④ 친구들 사진을 많이 찍지 않습니다.

※ [61~62] 다음을 읽고 물음에 답하십시오. (각 2점)

> 요즘에 집을 떠나서 혼자 사는 사람이 (㉠) 있습니다. 보통 회사나 학교 때문에 혼자 삽니다. 한국에서는 그 사람들을 '1인 가구'라고 부릅니다. 혼자 사는 사람들은 음식이나 물건이 많이 필요하지 않아서 조금씩 삽니다. 그래서 슈퍼마켓에서도 '1인 가구'를 위해 음식이나 물건을 조금씩 싸게 팝니다.

61. ㉠에 들어갈 말로 가장 알맞은 것을 고르십시오.

① 많아지고   ② 많아지면

③ 많아져서   ④ 많아지니까

62. 윗글의 내용과 같은 것을 고르십시오.

   ① 혼자 사는 사람들은 음식을 많이 먹습니다.

   ② 학교에서는 '1인 가구'를 위한 물건을 삽니다.

   ③ 혼자 사는 사람들은 집을 떠나고 싶어 합니다.

   ④ 회사 때문에 가족과 따로 사는 사람들이 있습니다.

※ [63~64] 다음을 읽고 물음에 답하십시오.

받는 사람: nls@maver.com
보낸 사람: foreign@knu.ac.kr
제목: 외국어대학 장학금

　누라슬 학생, 안녕하십니까?
　외국어대학에서 접수한 장학금 신청 결과를 알립니다. 누라슬 학생은 다음 학기에 등록금의 절반을 장학금으로 받을 수 있습니다. 따라서 학과 사무실에 통장과 학생증 사본을 제출해 주세요. 제출 날짜는 이번 달 30일까지입니다. 30일이 지나면 장학금이 취소되니까 꼭 시간을 지켜 주세요. 정말 축하합니다!

외국어대학 사무실

第8回

63. 왜 윗글을 썼는지 맞는 것을 고르십시오. (2점)

   ① 등록금 환불 안내를 하려고　　② 장학금 접수 기간을 알리려고

   ③ 장학금 신청 결과를 알리려고　　④ 다음 학기 등록 방법을 소개하려고

64. 윗글의 내용과 같은 것을 고르십시오. (3점)

   ① 장학금 신청 결과는 다음 달에 나옵니다.

   ② 다음 학기 등록금을 삼십 일까지 낼 겁니다.

   ③ 장학금으로 등록금 전액을 받을 수 있습니다.

   ④ 학과 사무실에 통장과 학생증 사본을 내야 합니다.

> 저는 한국에 산 지 1년이 되었지만 한국어를 잘 못합니다. 제 직업은 영어 교사인데 다른 선생님들이 다 영어를 잘해서 괜찮았습니다. 그런데 이제 한국어를 배우고 싶습니다. 그래서 주말마다 한국인 선생님 댁에서 한국어를 배우기로 했습니다. 그 선생님은 가까운 아파트에 사십니다. 이번 주는 첫 수업이니까 작은 선물을 사서 (㉠   ).

65. ㉠에 들어갈 말로 가장 알맞은 것을 고르십시오. (2점)

① 가 봅니다   ② 가 봤습니다

③ 갈까 합니다   ④ 가고 있습니다

66. 윗글의 내용과 같은 것을 고르십시오. (3점)

① 한국에서 거의 1년 동안 살았습니다.

② 한국어 수업이 매일 조금씩 있습니다.

③ 저는 한국어를 가르치는 일을 합니다.

④ 한국어를 잘해서 지금까지 괜찮았습니다.

※ [67~68] 다음을 읽고 물음에 답하십시오. (각 3점)

> 아이들이 직업을 직접 체험해 볼 수 있는 '어린이 체험관'이 생겼습니다. 여기에서는 아이들이 평소에 못 하는 일들을 할 수 있습니다. 요리사처럼 요리를 해 보거나 의사처럼 치료를 해 볼 수 있습니다. 부모는 아이들이 체험하는 것을 보면서 자신의 아이들이 무엇을 (㉠   ) 알 수 있습니다. 아이들에게 좋은 경험이 되며 부모들도 자신의 아이에 대해서 잘 알 수 있어서 인기가 많습니다.

67. ㉠에 들어갈 말로 가장 알맞은 것을 고르십시오.

① 주고받는지를   ② 먹고 마시는

③ 배우고 가르치는지를   ④ 좋아하고 싫어하는지를

68. 윗글의 내용과 같은 것을 고르십시오.

① 부모들은 밖에서 기다립니다.

② 아이들이 커서 의사나 요리사가 됩니다.

③ 아이들이 다양한 체험을 할 수 있습니다.

④ 어린이 체험관에서 어른도 체험을 할 수 있습니다.

※ [69~70] 다음을 읽고 물음에 답하십시오. (각 3점)

저는 머리하는 것을 좋아합니다. 보통 미용실에 가서 파마를 하거나 염색을 합니다. 그런데 요즘 미용실 비용이 많이 올랐습니다. 그래서 예전처럼 쉽게 머리를 하기가 어렵습니다. 하지만 머리를 싸게 할 수 있는 방법을 찾았습니다. 인터넷에서 할인 쿠폰을 구입하거나 아침 일찍 가면 싸게 해 주는 미용실에 가면 됩니다. 저는 내일 친구하고 같이 머리를 (㉠).

69. ㉠에 들어갈 말로 가장 알맞은 것을 고르십시오.

① 하러 갔습니다   ② 해야 했습니다

③ 하려고 했습니다   ④ 하기로 했습니다

70. 윗글의 내용으로 알 수 있는 것을 고르십시오.

① 저는 미용실에 가끔 갑니다.

② 미용실이 많이 비싸졌습니다.

③ 미용실을 싸게 이용할 수 없습니다.

④ 아침 일찍 미용실에 가면 사람이 없습니다.

第8回

제9회 실전 모의고사

実戦模擬試験 9

TOPIK I

듣기, 읽기

수험번호 (Registration No.)	
이 름 (Name)	한국어 (Korean)	
	영 어 (English)	

유 의 사 항
Information
注意事項

1. 시험 시작 지시가 있을 때까지 문제를 풀지 마십시오.

   Do not open the booklet until you are allowed to start.
   試験開始の指示があるまで問題を解かないでください。

2. 수험번호와 이름을 정확하게 적어 주십시오.

   Write your name and registration number on the answer sheet.
   受験番号と氏名を正確に書いてください。

3. 답안지를 구기거나 훼손하지 마십시오.

   Do not fold the answer sheet; keep it clean.
   答案用紙を折り曲げたり汚したりしないでください。

4. 답안지의 이름, 수험번호 및 정답의 기입은 배부된 펜을 사용하여 주십시오.

   Use the given pen only.
   答案用紙の氏名、受験番号および解答の記入は配布されたペンを使用してください。

5. 정답은 답안지에 정확하게 표시하여 주십시오.

   Mark your answer accurately and clearly on the answer sheet.
   解答は答案用紙に正確に記載してください。

   marking example

6. 문제를 읽을 때에는 소리가 나지 않도록 하십시오.

   Keep quiet while answering the questions.
   問題を読むときは音を立てないようにしてください。

7. 질문이 있을 때에는 손을 들고 감독관이 올 때까지 기다려 주십시오.

   When you have any questions, please raise your hand.
   質問があるときは手を挙げて、監督官が来るまでお待ちください。

※ [1~4] 다음을 듣고 〈보기〉와 같이 물음에 맞는 대답을 고르십시오.

〈보 기〉

가: 공부를 해요?

나: _____

❶ 네, 공부를 해요.　　　　　　② 아니요, 공부예요.

③ 네, 공부가 아니에요.　　　　④ 아니요, 공부를 좋아해요.

---

1. (4점)

　① 네, 식당이에요.　　　　　　② 네, 식당이 많아요.

　③ 아니요, 식당이 멀어요.　　④ 아니요, 식당이 적어요.

2. (4점)

　① 네, 비행기 표예요.　　　　　② 네, 비행기 표가 비싸요.

　③ 아니요, 비행기 표가 있어요.　④ 아니요, 비행기 표를 안 사요.

3. (3점)

　① 선생님이 가르쳐요.　　　　② 학교에서 가르쳐요.

　③ 한국어를 가르쳐요.　　　　④ 인터넷으로 가르쳐요.

4. (3점)

　① 친구가 갈 거예요.　　　　　② 내일 갈 거예요.

　③ 버스로 갈 거예요.　　　　　④ 친구와 갈 거예요.

第9回

─────〈 보　기 〉─────

가: 늦어서 미안해요.

나: _____

① 고마워요.　　　　　　　　❷ 괜찮아요.

③ 여기 앉으세요.　　　　　　④ 안녕히 계세요.

5. (4점)

　① 환영해요.　　　　　　　　② 맛있게 드세요.

　③ 잘 부탁드려요.　　　　　　④ 잘 먹었습니다.

6. (3점)

　① 괜찮아요.　　　　　　　　② 말씀하세요.

　③ 잘 다녀오세요.　　　　　　④ 그럼 좀 쉬세요.

※ [7~10] 여기는 어디입니까? 〈보기〉와 같이 알맞은 것을 고르십시오.

─────〈 보　기 〉─────

가: 어서 오세요.

나: 여기 수박 있어요?

① 학교　　　② 약국　　　❸ 시장　　　④ 서점

7. (3점)

　① 커피숍　　　② 미용실　　　③ 여행사　　　④ 옷 가게

8. (3점)

　① 시장　　　② 식당　　　③ 학교　　　④ 약국

202

9. (3점)

① 여행사　　　　② 사진관　　　　③ 백화점　　　　④ 미용실

10. (4점)

① 공원　　　　② 회사　　　　③ 공항　　　　④ 호텔

※ [11~14] 다음은 무엇에 대해 말하고 있습니까? 〈보기〉와 같이 알맞은 것을 고르십시오.

┌─────────────────〈 보　기 〉─────────────────┐
│ 가: 누구예요?   │
│ 나: 이 사람은 형이고, 이 사람은 동생이에요.   │
│ ❶ 가족　　　　② 이름　　　　③ 선생님　　　　④ 부모님 │
└──┘

11. (3점)

① 약속　　　　② 요리　　　　③ 그림　　　　④ 소포

12. (3점)

① 가족　　　　② 그림　　　　③ 사진　　　　④ 주소

13. (4점)

① 나라　　　　② 주소　　　　③ 여행　　　　④ 계획

14. (3점)

① 회사　　　　② 학교　　　　③ 직업　　　　④ 취미

第9回

15. ①

②

③
④

16. ①

②

③
④

〈보　기〉

남자: 요즘 한국어를 공부해요?

여자: 네. 한국 친구한테서 한국어를 배워요.

① 남자는 학생입니다.　　　　　　② 여자는 학교에 다닙니다.

③ 남자는 한국어를 가르칩니다.　　❹ 여자는 한국어를 공부합니다.

17. ① 여자는 피아노를 칠 줄 압니다.

② 남자는 피아노를 배운 적이 있습니다.

③ 여자는 피아노를 가르치는 사람입니다.

④ 남자는 여자에게 피아노를 배우고 있습니다.

18. ① 남자는 생일 파티에 초대 받았습니다.

② 남자는 혼자 파티 음식을 만들 겁니다.

③ 여자는 남자의 짐을 같이 들어 줬습니다.

④ 여자는 오늘 남자의 생일 파티에 갈 겁니다.

19. ① 남자는 계산을 잘못했습니다.

② 여자는 사과 한 개를 샀습니다.

③ 여자는 남자에게 돈을 잘못 줬습니다.

④ 남자는 여자에게 사과 다섯 개를 받았습니다.

20. ① 남자는 여자와 같이 연극을 봤습니다.

② 여자는 남자에게 연극 표를 줬습니다.

③ 여자는 슬픈 내용의 연극을 싫어합니다.

④ 남자는 여자가 추천한 연극을 봤습니다.

第9回

21.　① 여자는 봉사 활동을 하고 싶습니다.

　　② 여자는 할아버지와 할머니가 없습니다.

　　③ 남자는 다음 주부터 봉사 활동을 시작할 겁니다.

　　④ 남자는 여자의 할아버지와 할머니를 만나러 갈 겁니다.

※　[22~24] 다음을 듣고 여자의 중심 생각을 고르십시오. (각 3점)

22.　① 인터넷 쇼핑은 편리해서 좋습니다.

　　② 옷은 반드시 입어 본 후에 사야 합니다.

　　③ 인터넷 쇼핑을 하는 사람들이 많아졌습니다.

　　④ 인터넷 쇼핑보다 직접 옷을 보고 사는 것이 좋습니다.

23.　① 영화 만드는 일은 힘들 것 같습니다.

　　② 좋아하는 일을 하는 것이 중요합니다.

　　③ 돈을 많이 버는 직업이 제일 좋습니다.

　　④ 회사를 계속 다니는 게 좋을 것 같습니다.

24.　① 집들이에 가고 싶습니다.

　　② 약속에 늦으면 안 됩니다.

　　③ 수미 씨에게 화를 내서 미안합니다.

　　④ 실수를 하면 먼저 사과를 해야 합니다.

25. 여자가 왜 이 이야기를 하고 있는지 고르십시오. (3점)
    ① 면접 준비를 부탁하려고
    ② 출장을 가게 되어서 전화 드리려고
    ③ 강 선생님과 한국에서 만나고 싶어서
    ④ 면접을 보고 감사 인사를 드리고 싶어서

26. 들은 내용과 같은 것을 고르십시오. (4점)
    ① 강 선생님은 지금 한국에 있습니다.
    ② 여자는 오늘 면접을 보러 갔습니다.
    ③ 여자는 강 선생님과 만나기로 했습니다.
    ④ 강 선생님이 회사에서 여자의 면접을 보았습니다.

※ [27~28] 다음을 듣고 물음에 답하십시오.

27. 두 사람이 무엇에 대해 이야기를 하고 있는지 고르십시오. (3점)
    ① 김치 만드는 방법
    ② 박물관에 가는 이유
    ③ 박물관에 가는 방법
    ④ 박물관 문 여는 시간

28. 들은 내용과 같은 것을 고르십시오. (4점)
    ① 여자는 걸어서 박물관에 갈 겁니다.
    ② 여자는 김치 만드는 방법을 알고 있습니다.
    ③ 남자는 여자와 같이 김치 박물관에 갈 겁니다.
    ④ 남자는 여자에게 김치를 만들어 주고 싶습니다.

第9回

29. 여자가 여행을 계획한 이유를 고르십시오. (3점)

　　① 사진을 찍어 주려고

　・② 전체 회의를 하려고

　　③ 사진 모임을 만들려고

　　④ 동아리 사람들과 친해지려고

30. 들은 내용과 같은 것을 고르십시오. (4점)

　　① 남자는 금요일에 여행할 겁니다.

　　② 남자는 여자와 같은 동아리입니다.

　　③ 여자는 내일 회사 회의가 있습니다.

　　④ 여자는 남자와 둘이 사진을 찍고 싶습니다.

TOPIK I 읽기 (31번~70번)

※ [31~33] 무엇에 대한 내용입니까? ⟨보기⟩와 같이 알맞은 것을 고르십시오. (각 2점)

⟨보　기⟩

사과가 있습니다. 그리고 배도 있습니다.

① 요일　　　② 계절　　　❸ 과일　　　④ 생일

31.　시험이 있습니다. 책을 많이 봅니다.

① 모자　　　② 연락　　　③ 공부　　　④ 여행

32.　내일은 일요일입니다. 집에서 쉽니다.

① 은행　　　② 휴일　　　③ 가을　　　④ 수업

33.　음악을 듣습니다. 한국 가수를 좋아합니다.

① 일기　　　② 이름　　　③ 노래　　　④ 택시

※ [34~39] ⟨보기⟩와 같이 (　　　)에 들어갈 말로 가장 알맞은 것을 고르십시오.

⟨보　기⟩

날씨가 좋습니다. (　　　)이 맑습니다.

① 눈　　　② 밤　　　❸ 하늘　　　④ 구름

34. (2점)

> 내일이 시험입니다. 그래서 9시까지 학교(　　　) 갑니다.

① 에 　　　　② 는 　　　　③ 가 　　　　④ 를

35. (2점)

> 역에서 기차를 (　　　). 8시에 기차가 옵니다.

① 만듭니다 　　　② 만납니다 　　　③ 기다립니다 　　　④ 싫어합니다

36. (2점)

> 친구가 한국에 옵니다. 공항(　　　) 친구를 기다립니다.

① 은 　　　　② 과 　　　　③ 에서 　　　　④ 까지

37. (3점)

> 차가 많습니다. 그래서 길이 (　　　).

① 막힙니다 　　　② 넓습니다 　　　③ 깨끗합니다 　　　④ 조용합니다

38. (3점)

> 주말에 시간이 많습니다. 그래서 주말에 (　　　) 영화를 봅니다.

① 보통 　　　　② 정말 　　　　③ 조금 　　　　④ 아주

39. (2점)

> 저는 게임을 좋아합니다. 주로 컴퓨터로 게임을 (　　　).

① 합니다 　　　　② 놉니다 　　　　③ 보냅니다 　　　　④ 배웁니다

※ [40~42] 다음을 읽고 맞지 <u>않는</u> 것을 고르십시오. (각 3점)

40.

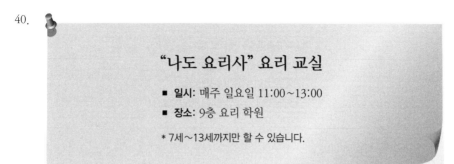

① 열두 살 아이가 신청합니다.
② 오 층 요리 학원에서 배웁니다.
③ 일요일마다 요리 교실에 갑니다.
④ 수업이 오전 열한 시에 시작합니다.

41.

① 주말에 쇼핑을 합니다.
② 월요일에 농구 경기를 합니다.
③ 십이 일에 혼자 영화를 봅니다.
④ 한국어 수업이 일주일에 세 번 있습니다.

42.

MT 갑시다!

7월 18일 토요일에 동해로 엠티를 갑니다.
기차를 타고 갈 거예요.
참가비는 20,000원입니다.
한국어학과 사무실에서 신청하세요!

① 일인당 만 원을 냅니다.
② 동해까지 기차로 갑니다.
③ 칠월 십팔 일에 출발합니다.
④ 한국어학과에서 엠티를 갑니다.

※ [43~45] 다음을 읽고 내용이 같은 것을 고르십시오.

43. (3점)

저는 주말에 학교에서 만난 친구하고 점심 약속을 했습니다. 하지만 약속 장소와 시간을 못 정했습니다. 그래서 친구에게 전화할 겁니다.

① 친구는 제게 전화할 겁니다.
② 오늘 학교에서 친구를 만납니다.
③ 점심에 친구하고 약속을 할 겁니다.
④ 저는 약속 장소와 시간을 모릅니다.

44. (2점)

> 학교 안에는 우체국이 있습니다. 저는 고향에 있는 친구들에게 선물을 보낼 때 자주 우체국에 갑니다. 멀지 않아서 아주 좋습니다.

① 친구들이 고향에서 올 겁니다.
② 친구들이 선물을 보내 줬습니다.
③ 우체국이 가까운 곳에 있습니다.
④ 우체국을 학교 밖에서 볼 수 있습니다.

45. (3점)

> 저는 저녁을 먹고 집 앞에 있는 공원에 갑니다. 강아지하고 산책을 하면 기분이 좋습니다. 하지만 비가 오는 날에는 가지 않습니다.

① 비가 오면 집에 있습니다.
② 공원에서 저녁을 먹습니다.
③ 집에서 공원까지 아주 멉니다.
④ 강아지는 산책하는 것을 좋아합니다.

※ [46~48] 다음을 읽고 중심 내용을 고르십시오.

46. (3점)

> 우리 언니는 어릴 때 성격이 조용하고 혼자 있는 것을 좋아했습니다. 그래서 친구가 별로 없었습니다. 그런데 대학교에 가서 성격도 바뀌고 사람들도 자주 만납니다.

① 언니는 대학교를 좋아합니다.
② 언니는 친구가 많이 있습니다.
③ 언니는 대학에 가서 변했습니다.
④ 언니는 어릴 때 재미가 없었습니다.

47. (3점)

> 　요즘 회사에 일이 많습니다. 매일 회의를 하고 집에 늦게 갑니다. 이번 주말에도
> 회사에서 일을 해야 합니다.

① 저는 일을 좋아합니다.

② 저는 회사 일로 바쁩니다.

③ 저는 주말에는 쉬고 싶습니다.

④ 저는 회의 준비를 해야 합니다.

48. (2점)

> 　저는 극장에서 영화를 많이 봅니다. 큰 화면으로 영화를 보면 더 재미있습니다.
> 좋아하는 영화는 두 번, 세 번 봅니다.

① 저는 극장에 가끔 갑니다.

② 저는 큰 화면을 좋아합니다.

③ 저는 같은 영화를 많이 보고 싶습니다.

④ 저는 극장에서 영화 보는 것을 좋아합니다.

※ [49~50] 다음을 읽고 물음에 답하십시오. (각 2점)

> 　저는 한국어학과 학생입니다. 지금은 졸업 시험을 준비하고 있습니다. 제가 볼 시험은
> 쓰기와 말하기 시험입니다. 쓰기 시험은 공부를 많이 해서 (　　㉠　　) 쉬울 겁니다. 그
> 런데 말하기 시험은 연습을 더 해야겠습니다.

49. ㉠에 들어갈 말로 가장 알맞은 것을 고르십시오.

① 아주　　　　　　　　　　② 일찍

③ 미리　　　　　　　　　　④ 항상

50. 윗글의 내용과 같은 것을 고르십시오.

① 제 전공은 한국어입니다.

② 저는 내년에 학교를 졸업합니다.

③ 저는 졸업 시험을 보고 있습니다.

④ 저는 쓰기 시험 연습을 더 할 겁니다.

※ **[51~52] 다음을 읽고 물음에 답하십시오.**

> 한국에서는 밥을 먹을 때 (㉠)이 있습니다. 어른과 함께 식사를 할 때에는 어른이 먼저 식사를 시작한 후에 밥을 먹어야 합니다. 어른이 일어나기 전에 식사를 끝내고 일어나지 않습니다. 상 위에 그릇을 놓고 젓가락과 숟가락을 사용해서 식사를 합니다. 밥을 먹을 때 숟가락과 젓가락을 같이 들지 않습니다. 그릇을 들고 먹거나 큰 소리를 내면서 먹으면 안 됩니다.

51. ㉠에 들어갈 말로 가장 알맞은 것을 고르십시오. (3점)

① 봐야 할 것   ② 들어야 할 것

③ 지켜야 할 것   ④ 가르쳐야 할 것

52. 무엇에 대한 내용인지 맞는 것을 고르십시오. (2점)

① 한국의 식사 예절   ② 밥을 먹는 순서

③ 밥을 같이 먹는 사람   ④ 식사할 때 쓰는 물건

第9回

　　요즘 날씨가 너무 더워서 여름하고 비슷합니다. 그래서 사람들은 봄이 지나기 전부터 여름옷을 입고 다녔습니다. 저도 여름옷을 입고 싶지만 여름옷이 아직 없습니다. 그래서 오늘 동대문시장에 (　　㉠　　) 갈 겁니다.

53.　㉠에 들어갈 말로 가장 알맞은 것을 고르십시오. (2점)

① 쇼핑하고　　　　　② 쇼핑하면　　　　　③ 쇼핑하러　　　　　④ 쇼핑해서

54.　윗글의 내용과 같은 것을 고르십시오. (3점)

① 동대문시장에 가면 옷이 쌉니다.

② 여름옷을 사면 동대문에 갈 겁니다.

③ 여름은 더워서 사람들이 좋아합니다.

④ 여름옷이 없어서 옷을 사고 싶습니다.

※　[55~56] 다음을 읽고 물음에 답하십시오.

　　김철수 씨는 의사입니다. 김철수 씨가 일하는 병원은 건물이 아니고 배입니다. 이 배로 작은 섬마을을 다니면서 섬마을 사람들의 병을 치료합니다. 작은 섬에는 병원이 없기 때문에 이런 병원이 무척 중요합니다. 김철수 씨는 배 위에서 생활하는 시간이 많고 가족들을 자주 만날 수 없어 외로울 때도 있습니다. (　　㉠　　) 섬마을 사람들의 웃음을 볼 때마다 자신의 일이 아주 자랑스럽습니다.

55.　㉠에 들어갈 말로 가장 알맞은 것을 고르십시오. (2점)

① 그리고　　　　　　　　　　② 그러면

③ 그러니까　　　　　　　　　④ 그렇지만

56. 윗글의 내용과 같은 것을 고르십시오. (3점)

    ① 김철수 씨는 섬에서 일합니다.

    ② 김철수 씨는 가족과 같이 삽니다.

    ③ 김철수 씨는 자신의 일을 좋아하지 않습니다.

    ④ 김철수 씨는 섬마을 사람들을 자주 만납니다.

※　[57~58] 다음을 순서에 맞게 배열한 것을 고르십시오.

57.　(3점)

(가) 먼저 카드 회사에서 돈을 빌려서 씁니다.

(나) 한 달 후에 돈을 다시 카드 회사에 줍니다.

(다) 한국에는 신용 카드를 쓰는 사람이 많습니다.

(라) 그래서 계획하지 않고 신용 카드를 쓰면 안 됩니다.

---

    ① (다) - (가) - (나) - (라)　　　② (다) - (가) - (라) - (나)

    ③ (다) - (나) - (가) - (라)　　　④ (다) - (나) - (라) - (가)

58.　(2점)

(가) 사진을 찍는 사람들도 많이 볼 수 있습니다.

(나) 저는 주말마다 한강에 자전거를 타러 갑니다.

(다) 저도 친구들과 놀 때 재미있는 사진을 꼭 찍습니다.

(라) 한강은 가족, 친구, 연인들이 자주 가는 장소입니다.

---

    ① (나) - (다) - (가) - (라)　　　② (나) - (다) - (라) - (가)

    ③ (나) - (라) - (가) - (다)　　　④ (나) - (가) - (다) - (가)

> 우리가 좋다고 생각한 습관 중에 건강에 안 좋은 습관들이 있습니다. (㉠) 물을 마시는 것은 건강에 좋지만 물을 한 번에 많이 마시게 되면 소화에 안 좋습니다. (㉡) 한 번에 많은 물을 마시는 것보다 나눠서 마시는 것이 좋습니다.
> (㉢) 갑자기 스트레칭을 하게 되면 허리에 안 좋은 영향을 주게 됩니다. (㉣) 일어나서 물을 마시거나 이를 닦는 등 10분 정도가 지난 다음에 스트레칭을 하는 것이 좋습니다.

59. 다음 문장이 들어갈 곳으로 가장 알맞은 것을 고르십시오. (2점)

> 아침에 일어나자마자 스트레칭을 하는 것도 좋지 않습니다.

① ㉠　　　　　　② ㉡　　　　　　③ ㉢　　　　　　④ ㉣

60. 윗글의 내용과 같은 것을 고르십시오. (3점)
① 물을 마시면 소화가 잘 됩니다.
② 스트레칭은 건강에 안 좋습니다.
③ 갑자기 스트레칭을 하면 안 됩니다.
④ 물은 많이 마시는 것이 중요합니다.

※ [61~62] 다음을 읽고 물음에 답하십시오. (각 2점)

> 많은 사람들은 건강하고 오래 살고 싶어 합니다. 그런데 감기가 유행하거나 음식을 잘못 (㉠) 병에 걸릴 수 있습니다. 하지만 우리가 병에 안 걸릴 수 있는 방법이 있습니다. 그것은 손을 자주 씻는 것입니다. 기침을 하거나 코를 푼 후, 청소를 끝낸 후, 음식을 준비하거나 먹기 전에 꼭 손을 씻으면 됩니다.

61. ㉠에 들어갈 말로 가장 알맞은 것을 고르십시오.
① 먹으러　　　　　　　　　② 먹으면
③ 먹으니까　　　　　　　　④ 먹어 봐서

62. 윗글의 내용과 같은 것을 고르십시오.

① 손을 자주 씻으면 감기에 걸리기 쉽습니다.

② 항상 음식을 먹은 후에 손을 씻으면 됩니다.

③ 요즘 감기가 유행해서 병에 걸릴 수 있습니다.

④ 사람들은 건강하고 오래 사는 것을 좋아합니다.

※ [63~64] 다음을 읽고 물음에 답하십시오.

받는 사람: kmj@maver.com

보낸 사람: park@eco.co.kr

제목: 행복회사 면접 합격

이름: 폴 진

합격을 축하합니다!

폴 씨, 우리 회사에 들어온 걸 환영합니다! 다음 주 월요일부터 첫 출근을 하면 됩니다. 출근 시간은 9시입니다. 하지만 첫 출근이니까 30분 먼저 회사에 오세요. 첫 날이라서 알려 줄 것이 많습니다. 회사 건물 2층 202호로 오시면 됩니다. 그럼 다음 주에 뵙겠습니다!

행복회사

63. 왜 윗글을 썼는지 맞는 것을 고르십시오. (2점)

① 좋은 회사를 추천하려고　　　　② 회사 면접 결과를 알리려고

③ 회사에서 할 일을 소개하려고　　④ 회사 건물의 위치를 확인하려고

64. 윗글의 내용과 같은 것을 고르십시오. (3점)

① 아홉 시까지 회사에 가면 됩니다.

② 회사에 들어간 지 오래되었습니다.

③ 월요일에 회사를 처음 나갈 겁니다.

④ 회사 건물 일 층 사무실로 가야 합니다.

저는 룸메이트와 성격이 비슷해서 아주 친합니다. 그런데 어젯밤에 룸메이트가 열이 나고 많이 아팠습니다. 저는 같이 택시를 타고 병원에 갔습니다. 룸메이트를 치료한 의사는 룸메이트가 병원에서 며칠 동안 (㉠   ). 그래서 저는 혼자 돌아왔고, 오늘 다시 병원에 가 보려고 합니다. 죽을 사서 룸메이트에게 줄 것입니다.

65. ㉠에 들어갈 말로 가장 알맞은 것을 고르십시오. (2점)

① 쉬도록 했습니다　　　　　　② 쉬면 좋겠습니다

③ 쉬니까 편합니다　　　　　　④ 쉬냐고 했습니다

66. 윗글의 내용과 같은 것을 고르십시오. (3점)

① 룸메이트는 혼자 병원에 갔습니다.

② 룸메이트는 며칠 동안 아팠습니다.

③ 룸메이트가 어제 병원에 입원했습니다.

④ 룸메이트에게 줄 죽을 만들어서 병원에 갑니다.

※ [67~68] 다음을 읽고 물음에 답하십시오. (각 3점)

다가오는 여름부터 일반 버스 요금이 오릅니다. 이전에 1,250원이었던 요금은 1,500원으로, 2,650원이었던 요금은 3,000원으로 오를 것입니다. 이것은 각각 20%, 13%가 오르는 것입니다. 그래서 아침 시간에 (㉠   ) 버스 요금을 할인해 주기로 했습니다. 아침 첫차부터 6시 반까지는 기존 요금보다 싼 요금을 낼 수 있으니까 많은 사람들이 탈 것입니다.

67. ㉠에 들어갈 말로 가장 알맞은 것을 고르십시오.

① 빨리 내리는 사람에게는　　　② 버스를 타는 사람에게는

③ 일찍 일어나는 사람에게는　　④ 기존 요금을 내는 사람에게는

68. 윗글의 내용과 같은 것을 고르십시오.

① 올해 여름부터 버스 요금이 오릅니다.

② 내년부터 버스 요금이 천오백 원입니다.

③ 아침 첫차부터 오른 요금을 내야 합니다.

④ 오후 여섯 시까지는 싼 요금을 낼 수 있습니다.

※ [69~70] 다음을 읽고 물음에 답하십시오. (각 3점)

> 제 친구는 옷 만드는 것을 좋아합니다. 시간이 있을 때마다 입지 않는 헌 옷으로 치마나 티셔츠를 만듭니다. 친구가 만든 옷은 꼭 돈을 주고 산 옷처럼 예쁩니다. 사람들도 만든 옷인지 모릅니다. 저도 입지 않는 옷이 많이 있습니다. 그래서 친구에게 부탁해서 헌 옷을 새 옷으로 만들어 보려고 합니다. (㉠) 옷은 세상에서 하나밖에 없습니다. 옷이 어떻게 나올지 정말 궁금합니다.

69. ㉠에 들어갈 말로 가장 알맞은 것을 고르십시오.

① 친구가 산   ② 친구가 만든

③ 사람들이 만든   ④ 사람들이 좋아하는

70. 윗글의 내용으로 알 수 있는 것을 고르십시오.

① 친구는 예쁜 옷을 샀습니다.

② 사람들은 만든 옷을 좋아합니다.

③ 친구는 헌 옷으로 새로운 옷을 만듭니다.

④ 저는 세상에서 하나밖에 없는 옷이 있습니다.

제10회 실전 모의고사

実戦模擬試験 10

TOPIK I

듣기, 읽기

수험번호 (Registration No.)		
이 름 (Name)	한국어 (Korean)	
	영 어 (English)	

유 의 사 항
Information
注意事項

1. 시험 시작 지시가 있을 때까지 문제를 풀지 마십시오.

   Do not open the booklet until you are allowed to start.
   試験開始の指示があるまで問題を解かないでください。

2. 수험번호와 이름을 정확하게 적어 주십시오.

   Write your name and registration number on the answer sheet.
   受験番号と氏名を正確に書いてください。

3. 답안지를 구기거나 훼손하지 마십시오.

   Do not fold the answer sheet; keep it clean.
   答案用紙を折り曲げたり汚したりしないでください。

4. 답안지의 이름, 수험번호 및 정답의 기입은 배부된 펜을 사용하여 주십시오.

   Use the given pen only.
   答案用紙の氏名、受験番号および解答の記入は配布されたペンを使用してください。

5. 정답은 답안지에 정확하게 표시하여 주십시오.

   Mark your answer accurately and clearly on the answer sheet.
   解答は答案用紙に正確に記載してください。

   marking example　

6. 문제를 읽을 때에는 소리가 나지 않도록 하십시오.

   Keep quiet while answering the questions.
   問題を読むときは音を立てないようにしてください。

7. 질문이 있을 때에는 손을 들고 감독관이 올 때까지 기다려 주십시오.

   When you have any questions, please raise your hand.
   質問があるときは手を挙げて、監督官が来るまでお待ちください。

※ [1~4] 다음을 듣고 〈보기〉와 같이 물음에 맞는 대답을 고르십시오.

〈 보 기 〉

가: 공부를 해요?

나: _____

❶ 네, 공부를 해요.　　　　　　② 아니요, 공부예요.

③ 네, 공부가 아니에요.　　　　④ 아니요, 공부를 좋아해요.

1.　(4점)

　　① 네, 동생이에요.　　　　　　② 네, 동생이 의사예요.

　　③ 아니요, 동생이 있어요.　　　④ 아니요, 동생이 많아요.

2.　(4점)

　　① 네, 공원에 가요.　　　　　　② 네, 공원에 있어요.

　　③ 아니요, 공원이 아니에요.　　④ 아니요, 공원이 더러워요.

3.　(3점)

　　① 내일 보낼 거예요.　　　　　② 고향에 보낼 거예요.

　　③ 선물을 보낼 거예요.　　　　④ 친구에게 보낼 거예요.

4.　(3점)

　　① 정말 좋아요.　　　　　　　② 친구 컴퓨터예요.

　　③ 오늘 사용했어요.　　　　　④ 컴퓨터를 샀어요.

第10回

※ [5~6] 다음을 듣고 〈보기〉와 같이 이어지는 말을 고르십시오.

┌─────────────────〈보 기〉─────────────────┐
│   │
│ 가: 늦어서 미안해요.   │
│ 나: _____   │
│   │
│ ① 고마워요.   ❷ 괜찮아요.   │
│ ③ 여기 앉으세요.   ④ 안녕히 계세요.   │
│   │
└──┘

5. (4점)
    ① 알겠습니다.   ② 고맙습니다.
    ③ 실례합니다.   ④ 부탁합니다.

6. (3점)
    ① 오랜만입니다.   ② 어서 오십시오.
    ③ 잠깐만 기다리세요.   ④ 맛있게 먹겠습니다.

※ [7~10] 여기는 어디입니까? 〈보기〉와 같이 알맞은 것을 고르십시오.

┌─────────────────〈보 기〉─────────────────┐
│   │
│ 가: 어서 오세요.   │
│ 나: 여기 수박 있어요?   │
│   │
│ ① 학교   ② 약국   ❸ 시장   ④ 서점 │
│   │
└──┘

7. (3점)
    ① 미술관   ② 사진관   ③ 도서관   ④ 영화관

8. (3점)
    ① 서점   ② 교실   ③ 도서관   ④ 주유소

9. (3점)

① 식당 ② 은행 ③ 편의점 ④ 운동장

10. (4점)

① 영화관 ② 서점 ③ 은행 ④ 공항

※ [11~14] 다음은 무엇에 대해 말하고 있습니까? 〈보기〉와 같이 알맞은 것을 고르십시오.

┌─────────────────〈보 기〉─────────────────┐

가: 누구예요?

나: 이 사람은 형이고, 이 사람은 동생이에요.

❶ 가족 ② 이름 ③ 선생님 ④ 부모님

└───────────────────────────────────────┘

11. (3점)

① 날짜 ② 요일 ③ 계절 ④ 달력

12. (3점)

① 건강 ② 여행 ③ 휴일 ④ 음식

13. (4점)

① 집 ② 일 ③ 값 ④ 맛

14. (3점)

① 기분 ② 시간 ③ 주소 ④ 계획

15. ①  ②

③  ④

16. ①  ②

③  ④

※ [17~21] 다음을 듣고 〈보기〉와 같이 대화 내용과 같은 것을 고르십시오. (각 3점)

---〈보　기〉---

남자: 요즘 한국어를 공부해요?

여자: 네. 한국 친구한테서 한국어를 배워요.

① 남자는 학생입니다.　　　　　② 여자는 학교에 다닙니다.

③ 남자는 한국이를 가르칩니나.　❹ 여자는 한국어를 공부합니다.

17.　① 남자는 오늘도 병원에 갈 겁니다.

　　② 남자는 어제 교통사고가 났습니다.

　　③ 여자는 어제 회사에 오지 않았습니다.

　　④ 여자는 남자를 보러 병원에 갔습니다.

18.　① 남자는 방 두 개를 예약했습니다.

　　② 여자는 침대가 있는 방에서 잘 겁니다.

　　③ 남자는 침대가 없는 방만 예약했습니다.

　　④ 여자는 남자보다 먼저 호텔을 예약했습니다.

19.　① 남자는 지금 배가 고픕니다.

　　② 여자는 남자와 떡볶이를 샀습니다.

　　③ 남자는 떡볶이를 먹고 싶어 합니다.

　　④ 여자는 냉장고에서 떡볶이를 꺼냅니다.

20.　① 남자는 여자와 같은 가방을 샀습니다.

　　② 여자는 남자에게 가방을 선물했습니다.

　　③ 남자는 여자 친구에게 선물을 줄 겁니다.

　　④ 여자는 친구들과 함께 백화점에 갔습니다.

第10回

21. ① 남자는 시험을 볼 수 없습니다.

② 여자는 목요일에 고향에 가야 합니다.

③ 여자는 시험 결과를 걱정하고 있습니다.

④ 남자는 교수님에게 시험 점수를 제출할 겁니다.

※ [22~24] 다음을 듣고 <u>여자</u>의 중심 생각을 고르십시오. (각 3점)

22. ① 돈을 많이 쓰는 것은 좋지 않습니다.

② 계획 없이 돈을 사용하면 안 됩니다.

③ 월급을 받으면 친구들과 밥을 먹고 싶습니다.

④ 돈을 아끼고 싶으면 현금을 사용하면 좋습니다.

23. ① 피곤할 때 자전거를 타면 좋습니다.

② 자동차로 출근하면 운동을 할 수 없습니다.

③ 일하기 전에 가벼운 운동을 하면 좋습니다.

④ 자전거보다 자동차로 출근하는 것이 좋습니다.

24. ① 찍은 사진을 계속 보고 싶습니다.

② 사진 찍는 것을 좋아하지 않습니다.

③ 기억하고 싶은 것들을 찍어야 합니다.

④ 사진으로 여러 가지를 기억할 수 있어서 좋습니다.

※ [25~26] 다음을 듣고 물음에 답하십시오.

25. 여자가 왜 이 이야기를 하고 있는지 고르십시오. (3점)
   ① 미래 계획을 이야기하려고
   ② 결혼하고 공부를 하고 싶어서
   ③ 딸의 대학교 입학을 축하하려고
   ④ 대학원 입학 방법을 알고 싶어서

26. 들은 내용과 같은 것을 고르십시오. (4점)
   ① 딸은 한의학을 공부하고 싶습니다.
   ② 여자는 한의학을 공부한 적이 있습니다.
   ③ 영어 공부만 하면 대학원에 갈 수 있습니다.
   ④ 여자는 내년에 대학교에 입학하려고 합니다.

※ [27~28] 다음을 듣고 물음에 답하십시오.

27. 두 사람이 무엇에 대해 이야기를 하고 있는지 고르십시오. (3점)
   ① 카페 주인   ② 카페 메뉴
   ③ 카페 위치   ④ 카페 가격

28. 들은 내용과 같은 것을 고르십시오. (4점)
   ① 남자는 오늘 샌드위치를 사 먹었습니다.
   ② 여자는 학교 근처에 있는 카페를 가 봤습니다.
   ③ 남자는 여자에게 샌드위치와 쿠키를 줬습니다.
   ④ 여자는 쿠키를 팔아서 어려운 아이들을 도와줄 겁니다.

第10回

※ [29~30] 다음을 듣고 물음에 답하십시오.

29. 여자가 교실에 있는 이유를 고르십시오. (3점)

    ① 커피를 마시려고

    ② 졸려서 잠을 자려고

    ③ 못한 숙제를 하려고

    ④ 친구와 이야기하려고

30. 들은 내용과 같은 것을 고르십시오. (4점)

    ① 남자는 커피를 마시고 싶습니다.

    ② 남자는 쉬는 시간에 가게에 갑니다.

    ③ 여자는 어제 친구들 집에 놀러 갔습니다.

    ④ 여자는 숙제를 못 해서 점수가 나쁩니다.

TOPIK I 읽기 (31번~70번)

※ [31~33] 무엇에 대한 내용입니까? 〈보기〉와 같이 알맞은 것을 고르십시오. (각 2점)

〈보   기〉

저는 중국에서 왔습니다. 중국 사람입니다.

① 요일　　　　② 공부　　　　③ 시간　　　　❹ 고향

31.

과일을 삽니다. 아주 싸고 물건이 많습니다.

① 요일　　　　② 전화　　　　③ 파티　　　　④ 시장

32.

저는 택시 기사입니다. 여러 손님들이 제 차에 탑니다.

① 직업　　　　② 지폐　　　　③ 이름　　　　④ 휴일

33.

오늘은 1월 10일입니다. 내일은 제 생일입니다.

① 지도　　　　② 날짜　　　　③ 겨울　　　　④ 장소

※ [34~39] 〈보기〉와 같이 (   )에 들어갈 말로 가장 알맞은 것을 고르십시오.

〈보   기〉

날씨가 좋습니다. (   )이 맑습니다.

① 눈　　　　② 밤　　　　❸ 하늘　　　　④ 구름

第10回

233

34. (2점)

> 내일부터 방학입니다. 저는 부산(   ) 여행을 갈 겁니다.

① 에   ② 을   ③ 이   ④ 과

35. (2점)

> 지하철에서 우산을 (   ). 우산을 다시 샀습니다.

① 줍습니다   ② 만듭니다   ③ 잊어버렸습니다   ④ 잃어버렸습니다

36. (2점)

> 감기(   ) 걸렸습니다. 병원에 가서 진찰을 받습니다.

① 에   ② 를   ③ 와   ④ 가

37. (3점)

> 저녁을 많이 먹었습니다. 지금 배가 (   ).

① 아픕니다   ② 있습니다   ③ 부릅니다   ④ 적습니다

38. (3점)

> 시험이 어려웠습니다. 그래서 (   ) 시험을 봅니다.

① 다시   ② 아주   ③ 정말   ④ 절대

39. (2점)

> 옷이 너무 더럽습니다. 그래서 (   ).

① 운동합니다   ② 요리합니다   ③ 빨래합니다   ④ 청소합니다

※　[40~42] 다음을 읽고 맞지 <u>않는</u> 것을 고르십시오. (각 3점)

40.

'좋은 부모' 강연에 초대합니다.

- **일시**: 10월 16일, 10월 30일 저녁 7시
- **장소**: 한국대학교 도서관

※ 부모님과 함께 온 청소년에게 선물을 드립니다.

① 저녁 일곱 시에 시작합니다.
② 시월에 강연이 두 번 있습니다.
③ 강연에 온 모든 사람에게 선물을 줍니다.
④ 한국대학교 도서관에서 강연을 듣습니다.

41.

깨끗한 책상을 팝니다.

1년 썼어요. 의자는 없어요.

가격: 2만 원

연락처: my0987@khu.ac.kr

① 이 사람은 책상을 팝니다.
② 이 책상은 이만 원입니다.
③ 책상을 1년 동안 사용했습니다.
④ 의자를 사려면 전화로 연락합니다.

42.

① 일 층에서 음료수를 삽니다.

② 수업을 삼사 층에서 듣습니다.

③ 이 층에서 선생님을 만납니다.

④ 컴퓨터를 하고 싶으면 사 층으로 갑니다.

※ **[43~45] 다음을 읽고 내용이 같은 것을 고르십시오.**

43. (3점)

> 저는 요리를 아주 못합니다. 그래서 밖에서 자주 사 먹습니다. 조금 먹어서 음식을
> 만들어 먹는 것보다 비싸지 않습니다.

① 한국 음식은 아주 비쌉니다.

② 돈이 많아서 자주 사 먹습니다.

③ 친구가 만드는 요리를 먹고 싶습니다.

④ 요리하는 것보다 사 먹는 것이 쌉니다.

44. (2점)

> 학교 안에 있는 서점에는 제가 찾는 책이 없었습니다. 그래서 서울에 있는 큰 서점에 갔습니다. 거기에는 책이 있어서 그 책을 샀습니다.

① 집 앞에서 책을 샀습니다.

② 서울에 큰 서점이 있습니다.

③ 작은 서점에서 책을 많이 팝니다.

④ 제가 찾는 책이 학교 서점에 있습니다.

45. (3점)

> 물을 많이 마시는 것은 건강에 좋습니다. 저는 물을 조금씩 자주 마십니다. 그래서 몸이 좋아졌습니다.

① 물이 깨끗해서 좋습니다.

② 물을 마시는 것은 힘이 듭니다.

③ 몸에 좋아서 물을 자주 마십니다.

④ 물을 많이 마셔서 배가 부릅니다.

※ [46~48] 다음을 읽고 중심 내용을 고르십시오.

46. (3점)

> 오늘 영화 '친구'를 봤습니다. 영화를 보고 고등학교 때 친구들에게 오랜만에 연락을 했습니다. 친구들과 만나서 이야기도 하고 여행 계획도 세웠습니다.

① 저는 친구들과 영화를 봤습니다.

② 저는 친구들과 여행을 갈 겁니다.

③ 저는 고등학교 때 친구들이 보고 싶습니다.

④ 저는 친구들과 이야기하는 것을 좋아합니다.

47. (3점)

> 이번 주말에 학교 춤 동아리에서 공연이 있습니다. 저는 두 달 전부터 춤 연습을 열심히 했습니다. 공연을 빨리 하고 싶습니다.

① 저는 춤을 잘 춥니다.

② 저는 연습을 많이 했습니다.

③ 저는 공연을 기다리고 있습니다.

④ 저는 춤 동아리에 가입했습니다.

48. (2점)

> 날씨가 더워서 며칠 전에 여름옷을 샀습니다. 그 옷을 입으면 시원해서 좋습니다. 내일도 그 옷을 입으려고 합니다.

① 저는 여름을 싫어합니다.

② 한국의 여름은 덥습니다.

③ 저는 쇼핑을 좋아합니다.

④ 새로 산 여름옷이 좋습니다.

※　[49~50] 다음을 읽고 물음에 답하십시오. (각 2점)

> 저는 지난달에 한국에 왔습니다. 낮에는 회사에서 일하고 밤에는 한국어를 조금씩 배웁니다. 그런데 제가 공부하는 책이 조금 어렵습니다. 그래서 회사 동료가 (㉠) 책을 가르쳐 줬습니다. 주말에는 그 책을 사러 서점에 갈 겁니다.

49. ㉠에 들어갈 말로 가장 알맞은 것을 고르십시오.

① 다른　　　　　　　　　② 비싼

③ 어려운　　　　　　　　④ 깨끗한

50. 윗글의 내용과 같은 것을 고르십시오.

   ① 저는 회사에서 책을 읽습니다.

   ② 저는 회사원이 되고 싶습니다.

   ③ 저는 밤마다 서점에서 일합니다.

   ④ 저는 한국어를 공부하고 있습니다.

※ [51~52] 다음을 읽고 물음에 답하십시오.

> '한지 공예'는 한국의 전통 종이인 한지로 물건을 만드는 것을 말합니다. 한지는 전통적인 방법으로 만든 종이로, 여러 가지 물건을 만들 수 있습니다. 일상생활의 물건을 만들거나 인형을 만들 수 있습니다. 그리고 물건을 (㉠   ) 상자를 만들거나 지도, 종이꽃 등을 만들 수 있습니다. 종이로 만들었지만 튼튼하고 오래 쓸 수 있으며 한국 전통 모양이 있어서 외국인들에게 인기가 많습니다.

51. ㉠에 들어갈 말로 가장 알맞은 것을 고르십시오. (3점)

   ① 쌀 수 있는   ② 버릴 수 있는

   ③ 넣을 수 있는   ④ 자를 수 있는

52. 무엇에 대한 내용인지 맞는 것을 고르십시오. (2점)

   ① 한지 공예를 하는 사람

   ② 한지 공예 물건을 사는 곳

   ③ 한지 공예를 할 수 있는 날

   ④ 한지 공예로 만들 수 있는 물건

> 저는 요즘 밖에서 운동하는 것을 좋아합니다. 새로 산 운동화가 편해서 매일 아침 운동하고 싶습니다. 그런데 오늘은 밖에 비가 옵니다. 비를 맞으면 운동화가 (㉠) 오늘은 쉬고 내일 다시 운동할 겁니다.

53. ㉠에 들어갈 말로 가장 알맞은 것을 고르십시오. (2점)

① 더러워지면 　　　　　　　　② 더러워지고

③ 더러워지니까 　　　　　　　　④ 더러워지지만

54. 윗글의 내용과 같은 것을 고르십시오. (3점)

① 어제 비가 와서 집에 있었습니다.

② 운동화를 사면 밖에 나갈 겁니다.

③ 운동화가 편해서 비가 올 때 신습니다.

④ 저는 매일 아침마다 운동하려고 합니다.

> 저희 학교에서는 한 달에 한 번 문화 체험이 있습니다. 지난달에는 북촌한옥마을에 갔습니다. 북촌한옥마을에서 한국의 전통 집이 있는 골목을 걷고 구경했습니다. (㉠) 이 한옥에는 지금도 사람들이 살고 있기 때문에 조용히 구경을 해야 합니다. 집 안을 구경할 수는 없었지만 옛날 한국의 모습을 느낄 수 있었습니다.

55. ㉠에 들어갈 말로 가장 알맞은 것을 고르십시오. (2점)

① 그리고 　　　　　　　　② 그런데

③ 그래서 　　　　　　　　④ 그러면

56. 윗글의 내용과 같은 것을 고르십시오. (3점)

① 한옥 안에 들어가서 구경을 했습니다.

② 한 달에 문화 체험이 여러 번 있습니다.

③ 북촌한옥마을에서는 크게 떠들면 안 됩니다.

④ 북촌한옥마을에는 지금 사는 사람이 없습니다.

※ **[57~58] 다음을 순서에 맞게 배열한 것을 고르십시오.**

57. (3점)

> (가) 그래도 주말에는 버스를 타고 부모님께 갑니다.
>
> (나) 저는 회사 때문에 부모님과 같이 살지 않습니다.
>
> (다) 부모님께서 사시는 곳은 버스로 4시간쯤 걸립니다.
>
> (라) 그곳에 도착하면 어머니께서 항상 맛있는 밥을 해 주십니다.

① (나) - (라) - (가) - (다)　　　　② (나) - (라) - (다) - (가)

③ (나) - (다) - (가) - (라)　　　　④ (나) - (다) - (라) - (가)

58. (2점)

> (가) 시설도 좋아서 공부하기에 아주 좋습니다.
>
> (나) 제가 다니는 학교는 도서관이 아주 큽니다.
>
> (다) 그래서 시간이 날 때마다 도서관에 자주 갑니다.
>
> (라) 오늘도 시간이 있어서 도서관에서 책을 볼 겁니다.

① (나) - (가) - (다) - (라)　　　　② (나) - (가) - (라) - (다)

③ (나) - (라) - (다) - (가)　　　　④ (나) - (라) - (가) - (다)

> 저는 여행을 가면 꼭 집으로 엽서를 보냅니다. (㉠) 여행 간 곳의 경치가 있는
> 엽서를 골라서 씁니다. (㉡) 엽서를 보면서 여행한 곳을 다시 생각할 수 있고 예
> 쁜 경치가 있는 엽서를 벽에 장식할 수도 있습니다. (㉢) 여행지에서 보낸 엽서
> 는 저에게 또 하나의 여행 기념이 됩니다. (㉣)

59. 다음 문장이 말로 가장 알맞은 것을 고르십시오. (2점)

> 여행을 한 후에 집에 도착하면 엽서가 와 있습니다.

① ㉠   ② ㉡   ③ ㉢   ④ ㉣

60. 윗글의 내용과 같은 것을 고르십시오. (3점)
① 여행을 가면 경치 사진을 찍습니다.
② 저는 엽서를 보내는 것을 좋아합니다.
③ 여행을 가서 친구에게 엽서를 씁니다.
④ 저는 엽서를 벽에 붙이는 것을 싫어합니다.

※ [61~62] 다음을 읽고 물음에 답하십시오. (각 2점)

> 사람들은 귀여운 동물을 좋아합니다. 동물을 보면서 살면 행복해집니다. 그래서 집에
> 강아지나 고양이를 키우는 사람들이 많습니다. 특히 아픈 사람이 동물을 키우면 치료에
> 도 도움이 됩니다. 또한 노인이 동물하고 같이 살 때 더 건강하고 (㉠) 있습니다.
> 동물과 사람은 아주 친해서 요즘에는 젊은 사람들도 작은 동물을 키우고 싶어 합니다.

61. ㉠에 들어갈 말로 가장 알맞은 것을 고르십시오.
① 오래 살고   ② 오래 살면
③ 오래 살 수   ④ 오래 살 때

62. 윗글의 내용과 같은 것을 고르십시오.

① 젊은 사람들은 치료하려고 동물을 키웁니다.

② 아픈 사람은 작은 동물과 함께 살기 힘듭니다.

③ 좋아하는 동물을 키우면 행복해질 수 있습니다.

④ 노인들은 젊은 사람들과 친해지고 싶어 합니다.

※ [63~64] 다음을 읽고 물음에 답하십시오.

받는 사람: jungks88@maver.com

보낸 사람: ling321@ppec.ac.kr

제목: 사랑하는 교수님께

　정 교수님, 안녕하세요?

　저는 5년 전에 한국어학과를 졸업한 링링입니다. 한국에서 졸업한 후에 바로 중국으로 돌아와서 대학원에 다니고 있습니다. 아직 졸업을 못 했지만 내년에는 졸업할 수 있을 것 같습니다. 졸업하면 꼭 교수님께 찾아가겠습니다. 교수님 건강은 어떠세요? 빨리 뵙고 싶지만 기다리겠습니다. 안녕히 계세요.

링링 올림

63. 왜 윗글을 썼는지 맞는 것을 고르십시오. (2점)

① 교수님께 추천을 받으려고 　　　② 교수님께 안부를 물으려고

③ 한국에서 대학원에 다니려고 　　④ 한국어학과에 다시 입학하려고

64. 윗글의 내용과 같은 것을 고르십시오. (3점)

① 이 사람은 한국어학과에 다니고 있습니다.

② 중국에 계신 교수님을 찾아가려고 합니다.

③ 졸업을 한 후에 대학원에 가고 싶어 합니다.

④ 졸업을 하면 한국에서 교수님을 만날 겁니다.

　　제 방에는 망가진 침대가 하나 있습니다. 지난주까지는 괜찮았지만 제 친구의 아들이 놀러 왔다가 간 후로 이상해졌습니다. 그래서 침대를 바꾸려고 가구점에 가 봤습니다. 가격이 싼 것도 있고 비싼 것도 있었습니다. 지난번에는 너무 싼 침대여서 빨리 고장이 (　　㉠　　). 그래서 이번에는 조금 비싼 것으로 사려고 합니다.

65. ㉠에 들어갈 말로 가장 알맞은 것을 고르십시오. (2점)

① 나게 됩니다　　　　　　　　　② 나려고 합니다

③ 난 것 같습니다　　　　　　　　④ 날 수 있습니다

66. 윗글의 내용과 같은 것을 고르십시오. (3점)

① 제 방에는 침대가 여러 개 있습니다.

② 침대를 바꾸려고 알아보고 있습니다.

③ 침대가 비쌌는데 빨리 망가졌습니다.

④ 이번 주에 제 친구의 아들이 놀러 옵니다.

※ [67~68] 다음을 읽고 물음에 답하십시오. (각 3점)

　　겨울에는 집 안의 공기가 건조해지기 쉽습니다. 공기가 건조하면 감기에 걸리기 쉽고 목이 아픕니다. 집 안의 공기를 건조하지 않게 하려면 (　　㉠　　) 좋습니다. 식물이 많이 있으면 공기 중에 수분이 많아져서 집 안이 건조하지 않습니다. 그리고 집 안에 공기가 잘 통할 수 있게 방문을 열어 놓으면 좋습니다. 물에 젖은 수건을 방 안에 두거나 빨래를 하고 방 안에서 말려도 좋습니다.

67. ㉠에 들어갈 말로 가장 알맞은 것을 고르십시오.

① 수건을 사는 것이　　　　　　　② 식물을 키우는 것이

③ 공기가 들어오는 것이　　　　　④ 빨래를 많이 하는 것이

68. 윗글의 내용과 같은 것을 고르십시오.

　① 빨래를 빨리 말려야 합니다.

　② 공기가 건조하면 건강에 좋습니다.

　③ 공기가 건조하면 수분이 많아집니다.

　④ 방문을 열어서 공기가 통하게 합니다.

※　[69~70] 다음을 읽고 물음에 답하십시오. (각 3점)

> 　오늘 친구의 소개로 다른 학교에서 공부하는 친구를 만났습니다. 그 친구는 한국말도 잘 못하고 저와 문화가 달라서 저한테 예의 없게 행동하는 것 같았습니다. 그래서 처음에는 마음에 들지 않았습니다. 하지만 계속 이야기를 해 보니까 좋아하는 것도 같고 성격도 아주 좋은 사람이었습니다. 사람을 만날 때는 첫인상으로 판단하지 말고 천천히 이야기를 나누면서 서로 (　　㉠　　) 것을 알게 되었습니다.

69. ㉠에 들어갈 말로 가장 알맞은 것을 고르십시오.

　① 이해해야 한다는　　　　　　② 이해해도 된다는

　③ 이해할 줄 안다는　　　　　　④ 이해하면 안 된다는

70. 윗글의 내용으로 알 수 있는 것을 고르십시오.

　① 우리는 좋아하는 것이 같습니다.

　② 저는 그 친구가 지금도 싫습니다.

　③ 그 친구는 저를 좋아하지 않습니다.

　④ 그 친구는 첫인상을 중요하게 생각합니다.

한국어능력시험
TOPIK I
듣기, 읽기

| 성 명
(Name) | 한 국 어
(Korean) |
| | 영 어
(English) |

수 험 번 호

| 0 | 1 | 2 | 3 | 4 | 5 | 6 | 7 | 8 | 9 |

문제지 유형 (Type)

홀수형 (Odd number type) ○
짝수형 (Even number type) ○

※ 결 시 결시자의 영어 성명 및
확인란 수험번호 기재 후 표기

※ 위 사항을 지키지 않아 발생하는 응시자에게 있습니다.

감독관 본인 및 수험번호 표기
확 인 정확한지 확인 (인)

번호	답	란
1	① ② ③ ④
2	① ② ③ ④
3	① ② ③ ④
4	① ② ③ ④
5	① ② ③ ④
6	① ② ③ ④
7	① ② ③ ④
8	① ② ③ ④
9	① ② ③ ④
10	① ② ③ ④
11	① ② ③ ④
12	① ② ③ ④
13	① ② ③ ④
14	① ② ③ ④
15	① ② ③ ④
16	① ② ③ ④
17	① ② ③ ④
18	① ② ③ ④
19	① ② ③ ④
20	① ② ③ ④

번호	답	란
21	① ② ③ ④
22	① ② ③ ④
23	① ② ③ ④
24	① ② ③ ④
25	① ② ③ ④
26	① ② ③ ④
27	① ② ③ ④
28	① ② ③ ④
29	① ② ③ ④
30	① ② ③ ④
31	① ② ③ ④
32	① ② ③ ④
33	① ② ③ ④
34	① ② ③ ④
35	① ② ③ ④
36	① ② ③ ④
37	① ② ③ ④
38	① ② ③ ④
39	① ② ③ ④
40	① ② ③ ④

번호	답	란
41	① ② ③ ④
42	① ② ③ ④
43	① ② ③ ④
44	① ② ③ ④
45	① ② ③ ④
46	① ② ③ ④
47	① ② ③ ④
48	① ② ③ ④
49	① ② ③ ④
50	① ② ③ ④
51	① ② ③ ④
52	① ② ③ ④
53	① ② ③ ④
54	① ② ③ ④
55	① ② ③ ④
56	① ② ③ ④
57	① ② ③ ④
58	① ② ③ ④
59	① ② ③ ④
60	① ② ③ ④

번호	답	란
61	① ② ③ ④
62	① ② ③ ④
63	① ② ③ ④
64	① ② ③ ④
65	① ② ③ ④
66	① ② ③ ④
67	① ② ③ ④
68	① ② ③ ④
69	① ② ③ ④
70	① ② ③ ④

연습용

한국어능력시험
TOPIK I
듣기, 읽기

| 성 명 | 한국어 (Korean) |
| (Name) | 영 어 (English) |

수 험 번 호

문제지 유형 (Type)	
홀수형 (Odd number type)	○
짝수형 (Even number type)	○

※ 결 시 결시자의 영어 성명 및
확인란 수험번호 기재 후 표기

※ 위 사항을 지키지 않아 발생하는 불이익은 응시자에게 있습니다.

| 감독관 본인 및 수험번호 표기가 | (인) |
| 확 인 정확한지 확인 | |

문번	답란	
1	① ② ③ ④	
2	① ② ③ ④	
3	① ② ③ ④	
4	① ② ③ ④	
5	① ② ③ ④	
6	① ② ③ ④	
7	① ② ③ ④	
8	① ② ③ ④	
9	① ② ③ ④	
10	① ② ③ ④	
11	① ② ③ ④	
12	① ② ③ ④	
13	① ② ③ ④	
14	① ② ③ ④	
15	① ② ③ ④	
16	① ② ③ ④	
17	① ② ③ ④	
18	① ② ③ ④	
19	① ② ③ ④	
20	① ② ③ ④	

문번	답란
21	① ② ③ ④
22	① ② ③ ④
23	① ② ③ ④
24	① ② ③ ④
25	① ② ③ ④
26	① ② ③ ④
27	① ② ③ ④
28	① ② ③ ④
29	① ② ③ ④
30	① ② ③ ④
31	① ② ③ ④
32	① ② ③ ④
33	① ② ③ ④
34	① ② ③ ④
35	① ② ③ ④
36	① ② ③ ④
37	① ② ③ ④
38	① ② ③ ④
39	① ② ③ ④
40	① ② ③ ④

문번	답란
41	① ② ③ ④
42	① ② ③ ④
43	① ② ③ ④
44	① ② ③ ④
45	① ② ③ ④
46	① ② ③ ④
47	① ② ③ ④
48	① ② ③ ④
49	① ② ③ ④
50	① ② ③ ④
51	① ② ③ ④
52	① ② ③ ④
53	① ② ③ ④
54	① ② ③ ④
55	① ② ③ ④
56	① ② ③ ④
57	① ② ③ ④
58	① ② ③ ④
59	① ② ③ ④
60	① ② ③ ④

문번	답란
61	① ② ③ ④
62	① ② ③ ④
63	① ② ③ ④
64	① ② ③ ④
65	① ② ③ ④
66	① ② ③ ④
67	① ② ③ ④
68	① ② ③ ④
69	① ② ③ ④
70	① ② ③ ④

연습용

한국어능력시험
TOPIK I
듣기, 읽기

| 성 명
(Name) | 한 국 어 (Korean) | |
| | 영 어 (English) | |

| 수 험 번 호 | 7 | |

문제지 유형 (Type)

홀수형 (Odd number type) ◯
짝수형 (Even number type) ◯

결 시 결시자의 영어 성명 및
확인란 수험번호 기재 후 표기

※ 위 사항을 지키지 않아 발생하는 불이익은 응시자에게 있습니다.

감독관 본인 및 수험번호 표기 (인)
확 인 정확하지 확인

※ 감독관 날인이 없으면 무효처리됩니다.

번호	답			란
1	①	②	③	④
2	①	②	③	④
3	①	②	③	④
4	①	②	③	④
5	①	②	③	④
6	①	②	③	④
7	①	②	③	④
8	①	②	③	④
9	①	②	③	④
10	①	②	③	④
11	①	②	③	④
12	①	②	③	④
13	①	②	③	④
14	①	②	③	④
15	①	②	③	④
16	①	②	③	④
17	①	②	③	④
18	①	②	③	④
19	①	②	③	④
20	①	②	③	④

번호	답			란
21	①	②	③	④
22	①	②	③	④
23	①	②	③	④
24	①	②	③	④
25	①	②	③	④
26	①	②	③	④
27	①	②	③	④
28	①	②	③	④
29	①	②	③	④
30	①	②	③	④
31	①	②	③	④
32	①	②	③	④
33	①	②	③	④
34	①	②	③	④
35	①	②	③	④
36	①	②	③	④
37	①	②	③	④
38	①	②	③	④
39	①	②	③	④
40	①	②	③	④

번호	답			란
41	①	②	③	④
42	①	②	③	④
43	①	②	③	④
44	①	②	③	④
45	①	②	③	④
46	①	②	③	④
47	①	②	③	④
48	①	②	③	④
49	①	②	③	④
50	①	②	③	④
51	①	②	③	④
52	①	②	③	④
53	①	②	③	④
54	①	②	③	④
55	①	②	③	④
56	①	②	③	④
57	①	②	③	④
58	①	②	③	④
59	①	②	③	④
60	①	②	③	④

번호	답			란
61	①	②	③	④
62	①	②	③	④
63	①	②	③	④
64	①	②	③	④
65	①	②	③	④
66	①	②	③	④
67	①	②	③	④
68	①	②	③	④
69	①	②	③	④
70	①	②	③	④

연습용

한국어능력시험
TOPIK I
듣기, 읽기

성 명
(Name)

한국어 (Korean)

영 어 (English)

수 험 번 호

7

번호	답			란
1	①	②	③	④
2	①	②	③	④
3	①	②	③	④
4	①	②	③	④
5	①	②	③	④
6	①	②	③	④
7	①	②	③	④
8	①	②	③	④
9	①	②	③	④
10	①	②	③	④
11	①	②	③	④
12	①	②	③	④
13	①	②	③	④
14	①	②	③	④
15	①	②	③	④
16	①	②	③	④
17	①	②	③	④
18	①	②	③	④
19	①	②	③	④
20	①	②	③	④

번호	답			란
21	①	②	③	④
22	①	②	③	④
23	①	②	③	④
24	①	②	③	④
25	①	②	③	④
26	①	②	③	④
27	①	②	③	④
28	①	②	③	④
29	①	②	③	④
30	①	②	③	④
31	①	②	③	④
32	①	②	③	④
33	①	②	③	④
34	①	②	③	④
35	①	②	③	④
36	①	②	③	④
37	①	②	③	④
38	①	②	③	④
39	①	②	③	④
40	①	②	③	④

번호	답			란
41	①	②	③	④
42	①	②	③	④
43	①	②	③	④
44	①	②	③	④
45	①	②	③	④
46	①	②	③	④
47	①	②	③	④
48	①	②	③	④
49	①	②	③	④
50	①	②	③	④
51	①	②	③	④
52	①	②	③	④
53	①	②	③	④
54	①	②	③	④
55	①	②	③	④
56	①	②	③	④
57	①	②	③	④
58	①	②	③	④
59	①	②	③	④
60	①	②	③	④

번호	답			란
61	①	②	③	④
62	①	②	③	④
63	①	②	③	④
64	①	②	③	④
65	①	②	③	④
66	①	②	③	④
67	①	②	③	④
68	①	②	③	④
69	①	②	③	④
70	①	②	③	④

한국어능력시험
TOPIK I

듣기, 읽기

| 성 명 (Name) | 한 국 어 (Korean) | |
| | 영 어 (English) | |

수 험 번 호		7										

문제지 유형 (Type)

홀수형 (Odd number type) ○
짝수형 (Even number type) ○

※ 결 시 결시자의 영어 성명 및
확인란 수험번호 기재 후 표기

※ 본인 및 수험번호 표기가
감독관 정확한지 확인
확 인 (인)

※ 위 사항을 지키지 않아 발생하는 응시자의 불이익은 응시자에게 있습니다.

번호	답 란
1	① ② ③ ④
2	① ② ③ ④
3	① ② ③ ④
4	① ② ③ ④
5	① ② ③ ④
6	① ② ③ ④
7	① ② ③ ④
8	① ② ③ ④
9	① ② ③ ④
10	① ② ③ ④
11	① ② ③ ④
12	① ② ③ ④
13	① ② ③ ④
14	① ② ③ ④
15	① ② ③ ④
16	① ② ③ ④
17	① ② ③ ④
18	① ② ③ ④
19	① ② ③ ④
20	① ② ③ ④

번호	답 란
21	① ② ③ ④
22	① ② ③ ④
23	① ② ③ ④
24	① ② ③ ④
25	① ② ③ ④
26	① ② ③ ④
27	① ② ③ ④
28	① ② ③ ④
29	① ② ③ ④
30	① ② ③ ④
31	① ② ③ ④
32	① ② ③ ④
33	① ② ③ ④
34	① ② ③ ④
35	① ② ③ ④
36	① ② ③ ④
37	① ② ③ ④
38	① ② ③ ④
39	① ② ③ ④
40	① ② ③ ④

번호	답 란
41	① ② ③ ④
42	① ② ③ ④
43	① ② ③ ④
44	① ② ③ ④
45	① ② ③ ④
46	① ② ③ ④
47	① ② ③ ④
48	① ② ③ ④
49	① ② ③ ④
50	① ② ③ ④
51	① ② ③ ④
52	① ② ③ ④
53	① ② ③ ④
54	① ② ③ ④
55	① ② ③ ④
56	① ② ③ ④
57	① ② ③ ④
58	① ② ③ ④
59	① ② ③ ④
60	① ② ③ ④

번호	답 란
61	① ② ③ ④
62	① ② ③ ④
63	① ② ③ ④
64	① ② ③ ④
65	① ② ③ ④
66	① ② ③ ④
67	① ② ③ ④
68	① ② ③ ④
69	① ② ③ ④
70	① ② ③ ④